TIERRA, ALMA, SOCIEDAD

DEDICATORIA

A mis amigos y anfitriones

James y Margaret Sainsbury

SATISH KUMAR

TIERRA, ALMA, SOCIEDAD

una nueva trinidad para nuestro tiempo

Traducción de Fina Marfà

editorial Kairós

Título original: Soil, Soul, Society

«Esta traducción de *Tierra, alma, sociedad* publicada originalmente en inglés en 2013 se ha publicado por acuerdo con The Ivy Press Limited.»
«This translation of Soil, Soul, Society *originally published in English in 2013 is published by arrangement with The Ivy Press Limited.»*

Fotocomposición: Moelmo, SCP, Girona, 53, Barcelona
Revisión: Alicia Conde
Créditos de las fotografías:
Paul Wilkinson (página 14 y 151)
Alessandro Ciccarelli (49)
Andrew Graham (107 y 159)

Primera edición: Septiembre 2014
ISBN: 978-84-9988-403-5
Depósito legal: D B 11.436-2014
Impresión: Índice. Fluvià, 81-87. 08019 Barcelona

Índice

Satish Kumar *Un hombre de gran valentía e imaginación*

Hace ya más de veinte años que Satish Kumar es uno de mis más apreciados amigos, no solo por su carácter cálido y alentador, sino también porque trabajar a su lado en el Schumacher College y en otros sitios ha significado para mí la oportunidad de conocer a muchas otras personalidades con una gran visión de futuro.

Uno de estos eminentes y radicales pensadores fue James Hillman, especialista en psicología arquetipal, que en su maravilloso libro *The Soul's Code* sostiene que las personas no venimos a este mundo como una pizarra en blanco, sino con reflejos de quiénes somos realmente y de lo que en nuestra vida va a tener lugar. Como apoyo a sus tesis, Hillman presenta muchos ejemplos convincentes de personas cuyos destinos fueron modelados por ese conocimiento intuitivo, pero en mi opinión la certeza de sus tesis queda más que probada con la vida de su amigo Satish. ¿Por qué otra razón, me pregunto, un niño de nueve años, nacido en el Rajastán, le hubiera dicho a su familia que había llegado el momento de abandonar su hogar y entrar a formar parte de la comunidad jainista –que, con su absoluto respeto por la vida, es una de las órdenes espirituales más estrictas que existen– si no fuera porque ya conocía su deber de convertirse en un peregrino de la tierra? ¿Cómo podría explicarse el impulso llegado de su voz interior que le dijo a Satish, a la edad de dieciocho años y consciente del sufrimiento y la injusticia en el mundo, que abandonara la orden mendicante y siguiera las enseñanzas de Mahatma Gandhi uniéndose a la campaña no violenta de Vinoba Bhave para la reforma agraria en la India?

¿Cómo si no podría explicarse el hecho de que en 1962 la campaña de Bertrand Russell para el desarmamiento nuclear animara a Satish y a su amigo E.P. Menon a ponerse a andar, sin un céntimo en sus bolsillos, en un peregrinaje por la paz desde Nueva Delhi hasta Moscú, París, Londres y Washington, con un paquete de té para la paz destinado a cada uno de los líderes de los cuatro poderes nucleares y con el mensaje de que, antes de recurrir a la guerra nuclear para solucionar sus problemas, debían sentarse a tomar una taza de té tranquilamente? Y, por último, ¿cómo se podría explicar de otro modo que cuando este enérgico idealista llegó al Reino Unido en 1973 procedente de unos humildes orígenes se convirtiese tan pronto en una de las voces más sólidas y relevantes del mundo?

Satish Kumar es sin duda un hombre que ha honrado el singular destino que le trajo a esta vida con una imaginación y un coraje ejemplares. Ha ganado su fama internacional como editor de *Resurgence*, la revista que, desde hace ya décadas, ha sido el paladín más elocuente de la conciencia ecológica, de la justicia social y económica y de una forma de vida respetuosa basada en una filosofía de no violencia y en los valores espirituales del ser humano.

Cuando Satish fundó The Small School en Hartland, estableció un modelo imaginativo de educación para la comunidad; y como fundador y director del Schumacher College ha traído a este país a algunos de los pensadores y activistas más significativos para que impartieran sus enseñanzas en la mencionada institución, a la vez que él ejercía su crucial influencia en la evolución de la conciencia que intenta desarrollarse en nuestro tiempo.

Debido al ferviente cuidado que le merece la vida de nuestro bello planeta, al que perjudicamos de formas tan diversas, hace muchos años que Satish Kumar participa ininterrumpidamente en campañas a favor de temas de tremenda importancia. Ya sea como editor, educador, escritor o tertuliano en la radio y la televisión, su vida y su trabajo son una demostración vital de lo que se puede lograr cuando reinvertimos los poderes curativos y transformadores del alma en nuestra forma de sentir el mundo y en las actividades que en este llevamos a cabo. Estos poderes se encuentran, tremendamente vivos, en las páginas de este libro.

LINDSAY CLARKE

Agradecimientos

Este libro no hubiera sido posible sin la ayuda y el apoyo de June, mi esposa. Casi todas las mañanas charlamos tomando una taza de té y durante estas conversaciones repasamos viejas ideas, exploramos ideas nuevas y tímidamente cristalizan algunas conclusiones. Nuestras divagaciones fluyen libremente y la mayor parte del tiempo van y vienen, pero algunas han permanecido en mi pensamiento y son las que ahora desembocan en este libro.

Más aún, June ha sido generosa con su tiempo y ha participado en este proceso de escritura con sus críticas y revisiones. No hay palabras que puedan hacer justicia para expresarle mi profunda gratitud por su atención y compromiso.

También quiero manifestar todo mi agradecimiento a Lee Cooper, amigo mío desde hace más de cuarenta años, que ha mecanografiado meticulosamente el original escrito a mano. Lee, June y yo empezamos a trabajar juntos en la revista *Resurgence* en 1973. Desde entonces Lee ha sido, y continúa siendo, un pilar sólido y robusto.

Mi más sincera gratitud a Elaine Green, que trabaja conmigo ayudándome en mis escritos desde hace una década. Su desinteresada ayuda para dar la última forma a este libro tiene un valor incalculable.

Y mi más profundo reconocimiento para Monica Perdoni, la primera persona que me animó y estimuló para escribir este libro. La tarea editorial en *Resurgence and Ecologist*, la labor docente en el Schumacher College y el cumplimiento de mis compromisos como conferenciante me dejan muy poco tiempo para escribir un nuevo libro. Pero gracias a la amistad y la convicción de Monica he podido dedicar un poco de tiempo a poner estas palabras sobre papel. Por esto, ¡gracias, Monica!

Prefacio

La tierra es la fuente de toda vida, literalmente y metafóricamente. Toda vida viene de la madre tierra y a ella regresa. Amo la tierra como a mi madre y así la cuido. La tierra contiene aire, agua y fuego.

Si mi cuerpo exterior es la tierra, mi cuerpo interior es el alma. Igual que cultivo la tierra para que crezca alimento para mi cuerpo, cuido el alma y cultivo amor, compasión, belleza y unidad para lograr armonía en el interior y en el exterior.

Cuando dentro de mí me siento en paz, también me siento en paz fuera. Me siento en paz con toda la humanidad. Cuando cuido la tierra, soy miembro de la comunidad de la Tierra, y cuando cuido a la sociedad, soy miembro de la comunidad humana. Miles de millones de personas, con toda su diversidad de culturas y colores, son una sola familia humana. Sufro con su sufrimiento y me regocijo con su dicha. Entonces puedo trascender a la esfera de la ecuanimidad.

Así pues, la trinidad formada por la tierra, el alma y la sociedad es una forma de decir con tres palabras que todos estamos relacionados e interconectados, que somos interdependientes. Es una trinidad de integralidad y unidad de la vida en su miríada de formas.

Introducción

La trinidad formada por tierra, alma y sociedad es la destilación de mucho aprendizaje y vida. Nací y me crié en la India en la primera parte de mi vida y después viví en Occidente durante la segunda, por lo que he aprendido tanto de ambos mundos, algo que agradezco mucho.

Al leer *Talks on the Gita* de Vinoba Bhave, di con un concepto articulado en tres palabras sánscritas que me dio la clave para entender y establecer una relación correcta con la naturaleza, el alma y la sociedad.

Más tarde, cuando fui caminando desde Delhi hasta Moscú, París, Londres y Washington en defensa de la paz, comprendí que la paz no es solo la ausencia de guerra; es una forma de estar en armonía con el planeta Tierra, con uno mismo y con todos los seres humanos, independientemente de su raza, religión o nacionalidad. Aquella larga marcha resultó ser mi meditación sobre la realidad de la interdependencia y el interser.

He estudiado filosofía budista desde que era muy pequeño, pero solo cuando reflexioné sobre las enseñanzas de Buda dentro del contexto de la interrelacionalidad del planeta, la persona y la sociedad, entendí el profundo significado de las Cuatro Nobles Verdades, que, me di cuenta, son un medio para curar la Tierra, el alma y la sociedad. No habrá curación posible para la persona si la Tierra que nos rodea está enferma y las comunidades humanas sufren.

En mi juventud fui monje jainista y aprendí los principios de la no violencia, la autocontención y la autodisciplina, pero en aquella época contemplaba estos principios únicamente desde el punto de vista de la liberación personal. Sin embargo, al estudiar la *Gita*, conocer tantas culturas diferentes y examinar el profundo significado de las Cuatro Nobles Verdades en mi meditación, vi los principios jainistas bajo otra luz. No hacer daño y practicar la no violencia con plantas, animales y personas fue a partir de entonces una forma de mejorar mi relación con el mundo natural, con el mundo interior y con el mundo social. Si nuestra civilización pusiera en práctica la no violencia, la autocontención y la autodisciplina no sufriríamos desastres ecológicos, marginación personal e injusticias sociales.

El término jainista, así como el que se usa en la *Gita*, para referirse a la autodisciplina es *tapas*, palabra que está relacionada con el calor, algo que me pareció muy interesante. Una vez, Vinoba explicó que cuando la fruta madura gracias al calor del sol adquiere un bonito color, un aroma delicioso y un sabor exquisito. De igual modo, si queremos adquirir madurez y dulzura, tenemos que recibir el calor de la autodisciplina. Hasta los cereales y las verduras madurados al sol tienen que someterse al calor del horno para ser comestibles y digeribles. Metafóricamente, estos alimentos hacen *tapas*. Otro ejemplo es el oro; para transformar un lingote de oro en una joya, el metal ha de someterse al calor del fuego. Y el barro debe someterse al calor del horno para transformarse en un recipiente útil. Si no practicamos la autodisciplina, no podremos pasar de ser a llegar a conocernos. Todas las prácticas espirituales son formas de autodisciplina que robustecen el alma y fortalecen a las personas para que resistan ante cualquier eventualidad.

Mahatma Gandhi representó el principal ejemplo de autodisciplina y práctica de autocontención y no violencia. Nos presentó una trinidad propia, muy parecida a la trinidad de tierra, alma y sociedad. Gandhi ha sido una luz que me ha guiado durante toda mi vida. Fuera implícita o explícitamente, insistió siempre en la veneración por todos los seres vivos, tanto humanos como no humanos. Siempre encontraba tiempo para la práctica personal de la meditación, el silencio, la oración y el ayuno para el cuidado de su alma. Y además dedicó el trabajo de toda su vida a mejorar la vida de los pobres, los intocables, los oprimidos y los necesitados. Por todo esto, las ideas gandhianas son fundamentales para presentar la trinidad de tierra, alama y sociedad.

Si Gandhi me proporcionó un suelo fértil para mi trinidad, Rabindranath Tagore preparó el terreno mediante su poesía. La política sin poesía es incompleta. Desde que conocí las historias, las canciones, las pinturas, las obras de teatro y la poesía de Tagore, me cautivó el poder de su imaginación. Mal equipados estaremos para cuidar de la tierra, para alimentar el alma y para nutrir la sociedad si no contamos con el poder de la imaginación que se manifiesta en la magia de la poesía, en el encanto de las canciones. Así pues, la trinidad de tierra, alma y sociedad está muy inspirada en la poesía de Tagore.

Él no fue solo un poeta, también fue un gran educador. Fundó una escuela y una universidad. Impartía sus clases bajo los árboles y les decía a sus alumnos: «Tenéis dos maestros, yo, un maestro humano, y el árbol, bajo el que nos sentamos, que es vuestro maestro de la naturaleza. Aprenderéis mucho más del árbol que de mí». Tagore tenía razón. ¿Quién es capaz de igualar la generosidad de un árbol? Un árbol nos da sus frutos sin poner condiciones, a todos y cada uno de nosotros.

Para mí la escuela de Tagore fue un estímulo a la hora de fundar The Small School en Hartland, donde vivo, y también el Schumacher College en Dartington, ambos en Devon. En estos experimentos educativos he ampliado el foco. Más que insistir en leer y escribir y en la aritmética (las tres erres),[1] damos importancia a la mente, el corazón y las manos (las tres haches).[2]

Mi vida como monje jainista, como caminante por la paz, como estudiante de filosofía budista, como trabajador en el movimiento gandhiano y como seguidor de la sabiduría de Tagore me ha permitido conocer los ideales de Oriente. Más adelante conocí a E.F. Schumacher, un economista occidental, además de experto

1. En inglés, en el original, *reading, writing and arithmetic*. *(N. de la T.)*
2. En inglés, en el original, *head, heart and hands*. *(N. de la T.)*

en medio ambiente, filósofo y practicante de disciplinas espirituales. E.F. Schumacher encarnaba los ideales de tierra, alma y sociedad. Si tengo que citar el libro de Occidente que más ha influido en mi pensamiento es *Lo pequeño es hermoso* de Schumacher. Cuando las tendencias del mundo se orientaban a la centralización, la globalización, la militarización y la comercialización, Schumacher tuvo el valor y la audacia de hablar a favor de una forma de vida local, autosuficiente, ecológica, espiritual, sencilla, no violenta y elegante. Estos valores y el ejemplo vivo del propio Schumacher han sido una influencia en los libros que he escrito y editado.

Gran parte de lo que he escrito ha tenido el objetivo de iluminar la filosofía de la integralidad y la articulación de tierra, alma y sociedad. Este libro es una forma de reconocer mi deuda con estos maestros y activistas y de pagar mi tributo y expresar mi gratitud por su estimulante obra.

1

TIERRA, ALMA, SOCIEDAD

TIERRA, ALMA, SOCIEDAD

A menudo los grandes movimientos y las filosofías tradicionales de toda la historia han resumido su mensaje fundamental en tres palabras, una trinidad. Una de las trinidades hindúes es la formada por Brahman, Vishnu y Shiva, los principios de la creación, la continuidad y la decadencia, o, dicho de otra forma, nacimiento, vida y muerte. Los cristianos tienen al Padre, el Hijo y el Espíritu Santo. Los griegos se centraron en la verdad, la bondad y la belleza.

Los redactores de la Constitución americana propusieron vida, libertad y búsqueda del bienestar. La Revolución Francesa giró en torno a la libertad, la igualdad y la fraternidad. En nuestra época, el movimiento *New Age* se ha centrado en los conceptos de mente, cuerpo y espíritu. Todas estas trinidades tienen su razón de ser y son pertinentes en su propio contexto, pero ninguna de ellas representa explícitamente una visión del mundo holística y ecológica. Pueden ser espirituales o sociales, pero son fundamentalmente antropocéntricas y no logran poner de relieve nuestra relación con la naturaleza o la conexión entre lo social y lo espiritual.

Sin embargo, leyendo un antiguo texto hindú, la Bhagavad-gita, encontré tres palabras que me llevaron a pensar en ecología, espiritualidad y humanidad. Estas tres palabras en sánscrito son, respectivamente, *yagna*, *tapas* y *dana*. *Yagna* se refiere a la relación entre humanos y naturaleza, *tapas* tiene que ver con la dimensión interior y *dana* significa relaciones sociales. He traducido e interpretado esta trinidad como tierra, alma y sociedad.

El cuidado de la tierra

Pongo la tierra en primer lugar porque la tierra representa la naturaleza y sostiene todo el sistema vital. Todo proviene de la tierra y es devuelto a la tierra. Los alimentos que mantienen la vida provienen de la tierra. El agua que nutre la vida está contenida en la tierra. El sol, la luna y las estrellas están en relación con la tierra. La tierra es una metáfora de todo el sistema natural. Si la cuidamos, ella cuidará de nosotros. A través de la tierra todos los seres estamos relacionados e interconectados. La tierra nos sostiene y nos mantiene. Dependemos de ella. Todos los seres vivos dependen de la tierra, y la tierra da el mismo trato a todos los seres vivos. Ricos o pobres, poetas o labradores, jóvenes o viejos, seamos lo que seamos, la tierra nos ama incondicionalmente y nos alimenta sin discriminaciones.

> *La esperanza es algo con alas*
> *que se posa en el alma*
> *y canta la melodía sin palabras*
> *y jamás se detiene.*
>
> EMILY DICKINSON

Lamentablemente, el desarrollo de las ciencias, la tecnología, la economía y la filosofía en los últimos siglos ha situado a la humanidad en una posición dominante y hemos otorgado a las personas humanas un estatus más elevado que a los demás seres vivos. En la visión del mundo que hemos desarrollado, la especie humana es superior a todas las demás especies. Animales, bosques, ríos y océanos deben servir y responder no solo a las necesidades de la humanidad, sino también a su avidez y a sus deseos. Esta forma de pensar se ha llamado especismo, y significa que una especie, la humana en este caso, es la que está por encima de todas las demás.

Esta arrogante visión del mundo ha desembocado en la desaparición de unas relaciones recíprocas, solidarias, respetuosas y espirituales entre las personas y el resto de la naturaleza. En realidad, los humanos han llegado a creer que son algo separado de la naturaleza, que están por encima de ella. La naturaleza está *fuera*:

los bosques, los ríos, los pájaros y otros animales; y nosotros, los seres humanos, estamos *aquí*, encerrados en nuestras casas, palacios, castillos, apartamentos, oficinas, coches, trenes y aviones.

En el pasado más reciente, algunos filósofos y científicos creyeron que la misión de conquistar la naturaleza mediante la tecnología, la ciencia, la industria y el comercio era positiva para la humanidad. Durante la era industrial y tecnológica la humanidad ha librado una guerra contra la naturaleza, envenenando la tierra con productos químicos y pesticidas para aumentar la producción de alimentos. Hemos encerrado a los pájaros y otros animales en corrales y jaulas y los hemos tratado con crueldad para obtener cada vez más beneficios con unas ventas cada vez mayores de proteínas; el aumento de las tierras de cultivo para la agricultura industrial ha justificado la despiadada destrucción de las selvas tropicales y de los bosques caducifolios; la pesca a escala industrial es otro ejemplo de nuestros actos belicosos contra la naturaleza. Al parecer no nos damos cuenta de que, aunque ganáramos esta guerra, estaríamos en el lado de los vencidos.

Esta guerra contra la naturaleza es debida a nuestra convicción de que la función de la naturaleza es mantener en marcha el motor de la economía. Pero la verdad es que la economía es una empresa filial de la ecología. Si se agota el capital natural, si se destruye el entorno natural, ¡no habrá economía que valga!

Así pues, el reto al que se enfrenta la humanidad en el siglo XXI es recuperar la humildad y volver a conectarse con la naturaleza. Tenemos que entender que la naturaleza no está «fuera»; nosotros también somos naturaleza. La palabra «naturaleza» significa nacimiento. «Natal», «natividad» y «naturaleza» tienen una raíz común. Todo lo que nace y muere es naturaleza. Puesto que nosotros, los humanos, también nacemos y morimos, somos también naturaleza. Naturaleza y humanos son una misma cosa. Por lo tanto, tenemos que entender que lo que hacemos a la naturaleza nos lo hacemos a nosotros mismos. Si la perjudicamos a ella, nos perjudicamos a nosotros. Todos estamos relacionados: vivimos en un mundo interdependiente.

Con este sentido de la unidad de humanos y naturaleza, apreciaremos y valoraremos la vida de otra manera. El filósofo noruego Arne Naess lo llamó «ecología profunda». Cuando valoramos la naturaleza con el único criterio de su utilidad para los seres humanos, aunque la conservemos y la protejamos para nuestro beneficio, tenemos una ecología superficial; sin embargo, cuando somos conscientes del valor intrínseco de toda vida, grande o pequeña, entonces tendremos la ecología profunda. Una brizna de hierba, una lombriz, un insecto, hasta un mosquito tienen derecho a la vida; y lo mismo pasa con los árboles, los ríos, los pájaros y los peces, independientemente de lo útiles que sean para las personas.

La ecología profunda surge de la experiencia profunda de la naturaleza. La vida moderna de nuestro tiempo carece de esta experiencia profunda porque las personas prácticamente no interaccionamos con la naturaleza. Nuestra vida está diseñada para mantenernos alejados de ella. Nuestras casas, nuestras oficinas, nuestras tiendas están completamente desconectadas de la naturaleza. La vida moderna se vive con luz artificial, con aire acondicionado y ¡humedecida con agua embotellada!

Para tener una experiencia profunda de la naturaleza tenemos que tocar la tierra, caminar por el bosque, nadar en el mar, contemplar las nubes y gozar de la puesta de sol. Solamente de esa profunda experiencia nace el profundo compromiso de respeto y cuidado de la tierra. Solo entonces podemos pasar del consumismo a la conservación.

Igual que nosotros reconocemos los derechos humanos, la ecología profunda requiere que reconozcamos los derechos de la naturaleza. Nuestra relación con la naturaleza tiene que estar integrada en los principios de la veneración por la vida. La ecología profunda lleva a la ecología reverencial y espiritual. La naturaleza no es un objeto muerto. La naturaleza está viva. El científico James Lovelock propuso la teoría de Gaia: la Tierra es un organismo vivo.

En la filosofía hindú se considera que la naturaleza es inteligente y consciente. Los cuatro elementos, tierra, aire, fuego y agua, contienen la divinidad como algo intrínseco. Los hindúes hablan del dios de la lluvia, Indra, del dios del viento, Vayu, de la diosa del fuego, Agni, y de la diosa de la Tierra, Bhoomi. También hablan del dios del sol, de la diosa de la luna, del dios del Himalaya, Shiva, de la diosa del agua, Ganga. En esencia, los dioses y diosas no están separados de la naturaleza.

Hablando en torno a la *Gita*, Vinoba Bhave dice que todo lo que nos rodea no es otra cosa más que lo divino. Lo divino está ante nosotros la mayor parte del tiempo. Es lo divino, y solo lo divino, lo que aparece en todo lo animado y lo desanimado. Lo divino se manifiesta en todo el Universo. En los ríos sagrados, en las altas montañas, en las vacas de tierno corazón, en los cuclillos con su dulce piar, en las llamas ascendentes, en las estrellas inmóviles; lo divino impregna toda la creación adoptando diferentes formas. Tenemos que adiestrar nuestros ojos para que vean lo divino en todas partes.

La naturaleza es divina, sagrada y santa, y también es abundante. Todas las especies se nutren y alimentan por el sacrificio que es el acto de la vida para mantener la vida. Nosotros los humanos gozamos de la bendición de recibir los obsequios de la naturaleza. Si solo tomamos de ella lo justo para responder a nuestras necesidades vitales, ella nos obsequia y nos seguirá obsequiando dándonos alimento, agua y amparo. Debemos recibir estos regalos con humildad y gratitud, sin abusar de ellos ni derrocharlos, sin agotarlos ni contaminarlos. Como dijo Mahatma Gandhi: «Lo que nos da la naturaleza es suficiente para cubrir las necesidades de todos, pero es insuficiente si tiene que dar respuesta a la codicia de todos». Derrochar, contaminar y acumular posesiones que no son esenciales para vivir son actos de violencia.

La naturaleza es buena, compasiva y generosa; rebosa de amor incondicional. Una pequeña semilla da lugar a un gran manzano, que, a su vez, produce miles y miles de manzanas. El frutal da sus frutos sin pedirle a nadie nada a cambio; ofrece a todo el mundo, sin condiciones, fruta sabrosa, dulce y nutritiva. Santos o pecadores, labradores o filósofos, humanos o animales, pájaros o abejas, todos sin excepción estamos invitados a gozar de la fruta.

ÁRBOLES

Creo que jamás mis ojos podrán ver
poema tan dulce como un árbol al amanecer.
Un árbol cuya hambrienta boca
presiona el corazón de la tierra que toca.
Un árbol que a Dios mira todo el día
y en oración eleva sus hojosos brazos cada día.
Un árbol que lucir puede en verano
el nido de un ruiseñor en su cabello adornado
sobre cuyo pecho la lluvia ha reposado,
pues con ella vive íntimamente ligado.
Los tontos como yo suelen escribir poesía,
pero solo Dios puede crear árboles cada día.

Traducción al castellano de Carmen Luisa Iglesias

Según el principio de *yagna*, tenemos que celebrar la belleza, la abundancia y la grandeza de la naturaleza devolviendo lo que de ella tomamos. Si tomamos cinco árboles para construir nuestra casa, debemos reponerlos plantando cincuenta árboles. Si hemos cosechado trigo, arroz y hortalizas y, por lo tanto, nos hemos aprovechado de la generosidad del suelo, debemos enriquecerlo a continuación con estiércol y compost y también dejarlo en barbecho tras siete años de cultivo. A esto se le llama *yagna*, reposición, restablecimiento y renovación. Vinoba Bhave escribe lo siguiente: «Si una multitud de gente se reúne en un solo lugar a lo largo de todo un día, eso dañará el lugar, contaminará la atmósfera y por tanto perjudicará a la naturaleza. Debemos hacer algo para que se recupere, para que se reequilibre. Para esto se creó la institución del *yagna*. Con el *yagna* se pretende resarcir a la naturaleza, devolverle lo que hemos tomado de ella [...], compensar las pérdidas es una de las finalidades del *yagna*» (extraído de *Talks of Gita*, Paramdham Prakashan Pavnar, Wardha, India).

La naturaleza vista como una máquina inanimada se convierte en objeto de explotación, mientras que la naturaleza vista como algo sagrado se transforma en una fuente de inspiración para el arte, la cultura, la arquitectura y desde luego para la religión y la espiritualidad. Admiramos y homenajeamos a los grandes artistas como Van Gogh por haber pintado girasoles, pero al mismo tiempo olvidamos que los girasoles en sí mismos son grandes obras de arte divino que estimulan la imaginación del artista. Si no existieran los girasoles, no existiría Van Gogh, ni Monet existiría sin lirios de agua en el estanque, ni Cézanne sin el Mont Sainte-Victoire. Los artistas siempre han reconocido la cualidad sagrada de la naturaleza. Ahora es imprescindible que los científicos, los industriales y los políticos hagan lo mismo y dejen de ver la naturaleza como un mero recurso del que aprovecharse.

Cuando practicamos la humildad y el agradecimiento, podemos aprender mucho *de* la naturaleza. Pero en nuestra civilización moderna y antropocéntrica lo que hacemos es aprender *sobre* la naturaleza. Existe una gran diferencia entre aprender «de» y aprender «sobre» la naturaleza. Cuando aprendemos «sobre» la naturaleza, esta se convierte en un objeto de estudio que desemboca en su explotación. Por esto algunos científicos, como Francis Bacon, hablaron sobre la misión humana de «robar los secretos de la naturaleza». Pero cuando aprendemos «de» la naturaleza, establecemos una estrecha relación con ella. Entonces adoptamos espontáneamente una actitud de humildad y veneración ante el misterio de los procesos naturales.

Al observar los árboles nos damos cuenta de lo interconectado e interrelacionado que está todo. Gracias a la fotosíntesis, la energía del sol alimenta las hojas del árbol, la lluvia lo nutre, la tierra aloja sus raíces. Only connect.

Cuando experimentamos la naturaleza, desarrollamos un profundo sentido de la empatía y amor por ella, y cuando alguien ama algo, lo cuida, lo conserva y lo protege.

Gran parte del movimiento de protección medioambiental actual tiene su origen en el miedo a la catástrofe y el desastre, lo cual no es bajo ningún concepto un buen motivo para un futuro verdaderamente sostenible. El amor y la reverencia por nuestro planeta desembocarán automáticamente en sostenibilidad, coherencia y armonía.

Es necesario que nos demos cuenta de que la armonía es un principio fundamental de la ecología. Cuando se produce un fallo en la armonía, surge la discordia y el conflicto. Nuestra responsabilidad como humanos es restaurar y mantener esa armonía. El erudito sufí iraní Hossein Ghomshei dice que el conocimiento de la armonía universal es la ciencia; la expresión y la comunicación de la armonía es el arte, y la práctica de la armonía en nuestra vida cotidiana es la religión. Visto así no hay conflicto entre ciencia, arte y religión; se complementan en la búsqueda de la armonía. Muchos de nuestros problemas medioambientales surgen porque hemos colocado la práctica de la ciencia, del arte y de la religión en diferentes compartimentos. Si deseamos construir un futuro sostenible y mitigar los problemas del agotamiento de los recursos, de la explosión demográfica y de la desaparición de la biodiversidad, tenemos que crear coherencia entre la ciencia, el arte y la religión para vivir una vida de armonía.

El cuidado del alma

Del mismo modo que la *Gita* nos apremia a vivir en armonía con el mundo natural, la «tierra», también nos dice que debemos crear armonía dentro de nosotros mismos.

Todos y cada uno de nosotros somos seres especiales y únicos. Como dijo Ananda Coomaraswamy, historiador del arte cingalés: «No es que los artistas sean personas especiales, sino que cada persona es un tipo especial de artista». Se refería al inmenso potencial de todos los seres humanos.

En sánscrito, la palabra para nombrar el alma individual es *atman*, el ser íntimo, y la palabra para designar el alma universal, o *anima mundi*, es *paramatman*, el ser último. De un modo parecido la palabra sánscrita para referirse al individuo humano es *nar* y para el ser universal (o Dios) es *narayan*. En árabe encontramos una formulación parecida –el individuo es *khud* y el ser divino es *khuda*–, añadiendo solo una *a*, el individuo se libera de su limitada identidad o ego y se transforma en conciencia divina.

El camino hasta dicho estado de iluminación consiste en el conocimiento de uno mismo, el servicio desinteresado y la rendición del ego al comprender que «yo soy parte del todo». Soy un órgano del cuerpo de la Tierra; soy un miembro de la comunidad de la Tierra. Así como todas las ramas son una parte integral del árbol, todas las criaturas, humanas y no humanas, son un órgano integral de la Tierra.

A menudo pesa sobre nosotros la carga de nuestra limitada y estrecha identidad: la nacionalidad, la raza, la religión, la clase, el género y varios otros conceptos divisivos y construcciones mentales. Somos prisioneros de la idea de «yo» separada del «otro», de la idea de «mío» como algo diferente a «del otro». A través del amor universal podemos liberarnos del «ego» y formar parte de lo «eco», dando un salto cuántico al cambiar la *g* por la *c*.

La palabra griega «eco» es muy bella. Con ella se forma «ecología» y «economía». Eco, o mejor el griego *oìkos*, significa «casa». Según la sabiduría de los filósofos griegos, la casa no es solo el lugar donde habitamos físicamente (nuestro piso o apartamento). Todo el planeta es nuestra casa, y en él 8,7 millones de especies viven como miembros de un solo hogar, de una sola familia; todas las especies son parientes y amigas. Así, la casa o «eco» es un lugar de relaciones, mientras que el «yo» como algo separado o ego es un estado de separación, desconexión y aislamiento. Nuestra alma se siente hambrienta si está aislada. Por lo tanto, volvamos a casa. En nuestra conciencia profunda, volvamos a conectar con nuestro cuerpo que es la Tierra.

Cuando nos damos cuenta de que «yo soy un microcosmos del macrocosmos», rozamos la mente de Dios, libres de identidades que nos constriñen, liberados de tristezas y separaciones, de miedos y fragmentaciones.

A veces, convencidos de que el mundo necesita una salvación urgente, nos obligamos a trabajar sin descanso para salvarlo. Nos hacemos miembros de organizaciones que trabajan por la paz o por el medio ambiente. Participamos en marchas de protesta. Trabajamos sin parar para la conservación de la naturaleza. Como consecuencia, nos olvidamos de cuidar de nuestro bienestar personal y sobrevienen las crisis de agotamiento, las depresiones, las separaciones matrimoniales y las desilusiones.

Por esto la *Gita* nos enseña que no hay necesidad de separar el cuidado de la tierra del cuidado del alma. Debemos cuidarlos a ambos. La práctica del cuidado del alma se llama *tapas*, y significa dedicar el tiempo necesario a la pureza interna, la meditación, la espiritualidad y el llevar una vida de elegante simplicidad. Mahatma Gandhi dijo: «Sé el cambio que quieras ver en el mundo». Él creía que tenía que haber congruencia entre la teoría y la práctica, entre la palabra y la acción. Las palabras solo tienen poder cuando están avaladas por un ejemplo vivo. Por esta razón, Mahatma Gandhi integró en su vida tiempo para la oración, la meditación, la soledad, el estudio, el cuidado del jardín, la cocina y la hilatura. Consideraba que estas actividades eran fundamentales para su campaña por la independencia y el trabajo para que desapareciera la intocabilidad. Mahatma Gandhi, pues, fue un ejemplo de unión entre la atención al mundo exterior y la atención al mundo interior. Me extenderé en detalle sobre el punto de vista de Gandhi en el tercer capítulo, pero ahora basta decir que el paisaje interior de la espiritualidad y el paisaje exterior de la sostenibilidad están intrínsecamente vinculados. Tenemos que cultivar la compasión, buscar la verdad, apreciar la belleza y trabajar por la propia realización. Así, a través de la meditación, podemos establecer la conexión entre la ecología interior y la exterior. La meditación es una medicina preventiva para evitar la enfermedad del alma y una medicina curativa para curar el alma herida.

El actual movimiento para la protección del medio ambiente sigue, principalmente, el camino de la ciencia empírica, del pensamiento racional, de la recolección de datos y de la acción externa. Es un camino correcto hasta donde llega, sin embargo no llega lo bastante lejos. Debemos incluir el cuidado del alma como parte del cuidado del planeta.

El cuidado de la sociedad

El cuidado de la tierra y del alma debe ampliarse para incluir además el cuidado de la sociedad. A pesar del crecimiento sin precedentes de la economía, la ciencia, la tecnología y el comercio mundial, casi una cuarta parte de la humanidad pasa hambre y carece de techo, ¡mientras que casi la misma cantidad de personas come en exceso y vive en casas donde sobra espacio!

Después de la II Guerra Mundial, el presidente Truman de Estados Unidos declaró, dirigiéndose a la población de su país, que había dos mundos: el mundo desarrollado y el mundo subdesarrollado. Con mundo desarrollado quería decir el mundo de la industria, la tecnología, el libre comercio y la agricultura industrial, del que se esperaba que elevara el nivel de vida de todas las personas; el mundo subdesarrollado era el mundo de la agricultura a pequeña escala, de la economía local y del bajo consumo, condenado a una vida de pobreza. Así fue como la misión de los economistas y políticos pasó a ser industrializar el mundo, establecer la

ORACIÓN POR NUESTRO CUERPO

Que nuestras piernas se mantengan fuertes y firmes,
que nuestros pies pisen la tierra con suavidad,
que nuestro estómago sea pequeño y blando,
que nuestra barriga esté llena de vigor,
que nuestro corazón sea grande y rebose de amor,
que nuestra alma sea simple y serena,
que nuestra mente esté calmada y clara,
que de nuestra boca salgan palabras dulces y tiernos besos,
que nuestros ojos vean belleza arriba, abajo y allá donde miren,
que nuestros oídos oigan palabras de alabanza y la música del cosmos,
que nuestras manos sean generosas al dar y agradecidas al recibir,
que nuestros brazos gocen con los abrazos,
que nuestro cuerpo sea un templo de amor.

SATISH KUMAR

> *No podemos seguir mostrando indiferencia ante el sufrimiento que existe más allá de nuestras fronteras; ni podemos consumir todos los recursos mundiales sin tener en cuenta las consecuencias. Porque el mundo ha cambiado y nosotros debemos cambiar con él.*
>
> BARACK HUSSEIN OBAMA, PRESIDENTE DE ESTADOS UNIDOS

globalización económica y permitir que el libre mercado solucionara el problema del llamado subdesarrollo.

Pero a pesar de casi setenta años de incesante esfuerzo hacia la industrialización, el sufrimiento de la gente en los llamados países subdesarrollados ha seguido aumentando. Incluso en China, India y Brasil, donde los gobiernos, los industriales y los líderes empresariales sacrifican su cultura y sus tradiciones y destruyen su capital natural para seguir el camino del materialismo, el industrialismo y el crecimiento económico, millones de ciudadanos viven todavía por debajo del nivel de pobreza. Aunque los niveles de vida han aumentado y han proliferado los coches, los ordenadores y las grandes carreteras, el bienestar general, la felicidad de las personas, la cohesión social y la satisfacción laboral siguen siendo un sueño lejano. Está más claro que el agua que el crecimiento económico y el PIB no son lo mismo que la felicidad humana.

Esta nueva religión que es el materialismo ha crecido a la par que el militarismo. En los últimos años se ha cuadruplicado el gasto total en armas nucleares y convencionales sin ningún signo de que a la vez haya aumentado la seguridad y la paz. La violencia, en una u otra forma, las guerras legales emprendidas por los gobiernos o las ilegales emprendidas por los llamados «terroristas» continúan ocupando muchas partes del mundo sin que surja ninguna solución para los conflictos nacionales o internacionales.

La humanidad no solo está en guerra contra la naturaleza, está en guerra contra sí misma: la mente de la mayoría de políticos e industriales se rige por valores como la obtención de beneficios, el poder, el control y la codicia. La publicidad seduce a la mayoría de las personas, que sueñan con un estilo de vida basado en el consumismo, la comodidad y la extravagancia.

Este estado de cosas no facilita precisamente una visión de armonía, coherencia y bienestar. Por lo tanto, es necesario un fuerte movimiento social para que reinen la justicia, la igualdad y la libertad personal y colectiva y nos lleven al bienestar de todas las personas. Esto no se puede realizar solamente a base de ingeniería social o maniobras políticas. Solo se puede hacer a través de un despertar espiritual y una nueva conciencia de los beneficios que reportan el cuidado mutuo y el servicio desinteresado. La *Gita* lo llama *dana*, que significa compartir, ser generoso, dar antes de tomar y dejar atrás el estrecho y limitado interés propio.

En una cultura en la que el interés propio se fomenta como un valor fundamental, es normal que uno se pregunte: ¿por qué tenemos que dejar de hacer caso a nuestro propio interés? La respuesta de la *Gita* es, como dice Vinoba, «porque ya tenemos un gran compromiso con la sociedad. Al nacer estamos totalmente indefensos y débiles. La sociedad es la que nos cuida y nos cría, por lo tanto debemos servirla» (fragmento extraído de *Talks from Gita*, Paramdham Prakashan Pavnar, Wardha, India.)

Hemos heredado magníficas obras arquitectónicas, las pirámides, el Taj Mahal, las grandes mezquitas y catedrales. Tenemos la bendición de tanta y tanta literatura, poesía, música y también pinturas. Nos han hecho más sabios las grandes enseñanzas de maestros iluminados como Buda, Mahoma, Jesucristo, Lao Tsé y otros. Contamos con joyas como la filosofía, la ciencia y la tecnología. La lista de regalos que nos han legado nuestros antepasados y nuestros contemporáneos es inacabable. Estamos en deuda con todos ellos. Y ahora nos toca a nosotros contribuir a esta cultura y a esta civilización y garantizar que no haya ningún niño de nuestra familia humana sin alimentos, ninguna persona enferma que no reciba atención, ningún país o comunidad que sufra guerra, explotación o tortura. Quizá no consigamos este objetivo mañana, pero debemos empezar a esforzarnos por lograr el bienestar de todos hoy mismo; tenemos que dejar atrás las estrechas limitaciones del interés propio y trabajar por el interés de todos.

Sin embargo, el trabajar por el interés colectivo nunca es fácil. Existen en la sociedad intereses creados que nos impiden actuar en beneficio de los demás y que nos empujan hacia el interés propio. El fuerte explota al débil, el rico no deja que el pobre se enriquezca, los que persiguen el poder subyugan a los que carecen de él. En tal situación la *Gita* predica la lucha y la acción.

Mahatma Gandhi fue uno de los más fervientes seguidores de los principios de la *Gita*. Practicó la no violencia, la verdad y la compasión, pero también luchó en contra de la colonización y en defensa de la libertad.

Activistas como Martin Luther King, Nelson Mandela, Václav Havel, la madre Teresa y Wangari Maathai son ejemplos de personas que han actuado según el espíritu de la *Gita*, ofreciendo su vida como *dana* por el bienestar de la sociedad en su globalidad. De estos destacados activistas podemos aprender lecciones de activismo por la justicia social y de su lucha por establecer un nuevo orden moral de dignidad humana.

El camino de la *Gita*, pues, es el camino del guerrero espiritual, un guerrero de la paz y un ecoguerrero, lo que la *Gita* llama un *karma yogi*: aquel que practica el yoga de la acción y está comprometido constantemente con la mejora y el bienestar de los necesitados y los desposeídos, pero que actúa sin desear el fruto de sus acciones. La *Gita* dice que así como el árbol no se come sus propios frutos y el río no bebe su propia agua, el *karma yogi* o un activista no debe perseguir ningún beneficio derivado de su propia acción. El *karma yogi* debe ofrecer sus acciones en beneficio de los demás. Esto es *dana*.

Trinidad de paz

La trinidad de la *Gita* es como las tres patas del taburete: mediante *yagna* se restituye la tierra, mediante *tapas* se restituye el alma y mediante *dana* se restituye la sociedad. Pero no son mutuamente excluyentes. Todos tenemos que comprometernos en los tres tipos de acción simultáneamente. En resumen, tenemos que vivir una forma de vida espiritual y comprometernos en la protección del planeta, en la iluminación de nuestra persona y en el restablecimiento de la justicia social. La antigua trinidad de la *Gita* tiene hoy la misma relevancia que ha tenido siempre.

Esta trinidad de una visión de la vida holística, interconectada e ideal es *una visión*, no *la única visión* de la vida. Cualquier formulación de una idea en palabras tiene sus limitaciones. ¡No existe ninguna formulación que sea la definitiva o la verdad!

Cuando estamos convencidos de algo intelectualmente y tenemos en nuestra mente alguna teoría o creencia sobre la verdad, pensamos: «Oh, yo sé cuál es la verdad porque he leído un libro sobre la verdad llamado *Gita* [o Biblia, o Corán, o Vedas, o los libros de Marx o de Adam Smith] [...]. Conozco la verdad, ¿por qué el mundo no la sigue y acepta la verdad que yo conozco?».

Así pues, nos parece que tenemos que convertir a otras personas a nuestra «verdad». Este es el principio del problema, el principio de la guerra y del conflicto. Aquí es donde termina la aproximación espiritual inclusiva y empieza la exclusividad estrecha y limitada. La verdad que conocemos a partir de los libros, a partir de nuestras teorías intelectuales o a partir de nuestro pasado es una verdad que debemos renovar y actualizar. Del mismo modo que cocinamos todos los días comida fresca y del día, así debemos encontrar y experimentar nuestra verdad todos los días. Puede que los ingredientes básicos de nuestra alimentación sean los mismos: trigo, arroz, verdura; la textura básica de la verdad quizá también sea la misma: amor, compasión y paz. Tenemos que incorporar estos tres ingredientes a todas las situaciones cotidianas de una forma abierta, receptiva y sin prejuicios. Nadie está en posesión del monopolio de una verdad definitiva y perfecta. En el momento en que empezamos a pensar «Yo tengo la verdad, vosotros tenéis que seguirme», habremos caído en la trampa de pensar que yo tengo la razón y que los demás están equivocados. No hay una sola verdad, hay muchas verdades.

La paz empieza con un pensamiento positivo. Tenemos que reconciliarnos con la naturaleza, con nosotros mismos y con todas las personas.

Cuando hablamos sobre la paz, no debemos hacerlo con una visión estrecha de ella. Propongo un enfoque multidimensional de la paz, una paz trinitaria, relacionada con la tierra, el alma y la sociedad. En la India siempre decimos la palabra paz tres veces: *shanti*, *shanti*, *shanti* (paz, paz, paz). Y ¿por qué tres veces? Porque la paz tiene por lo menos tres dimensiones: la paz interior, la paz social y la paz ecológica, hacer las paces con uno mismo, hacer las paces con el mundo y hacer las paces con la naturaleza. Creo que sin paz interior no podremos tener ninguna de las otras dos. Si nuestra sociedad estuviese llena de personas sin pensamientos negativos, personas que hubieran alcanzado un estado de paz mental y de paz anímica, entonces y de un modo natural estas personas no tendrían miedo. Pero si no hemos sido capaces de combatir nuestros miedos personales, resulta muy fácil para los gobiernos y los dirigentes militares fomentar el miedo con la amenaza de un enemigo externo. Esta es la situación ahora mismo. Nos regimos por el miedo. Miedo de nuestros vecinos, miedo de los socialistas, miedo de los capitalistas, miedo de los negros, miedo de los blancos, miedo de los hindúes, miedo de los musulmanes, miedo de los cristianos. Todos estamos divididos en diferentes grupos y tenemos miedo de alguien. ¡Está claro que elegimos líderes que dedican la mayor parte de los recursos del mundo a armamento! Tal vez no sea fácil ver la relación que existe entre la paz personal y la paz política, la paz interior y la paz en el mundo, pero son dos aspectos que están íntimamente relacionados.

No estoy diciendo que no tengamos que trabajar por la paz del mundo hasta que no hayamos alcanzado la paz interior. Tenemos que trabajar en los dos aspectos simultáneamente.

La necesidad de paz no solo está «allá». No podemos esperar que los políticos cambien el mundo y nos den la paz. El nuevo mundo no empezará en Whitehall, ni en la Casa Blanca, ni en el Kremlin. Y mientras esperemos que el mundo cambie a nuestra imagen y semejanza, el mundo no cambiará. El miedo, la desconfianza, la competitividad, la inseguridad que vemos entre los dirigentes políticos también se reflejan en nuestra vida, ya que se van acumulando y se convierten en miedo nacional, desconfianza nacional, desunión nacional e inseguridad nacional, y se expresan en un enorme gasto militar y en la carrera armamentística.

> “
> *El primer paso hacia un mundo en paz consiste en liberarnos de todos los miedos y alcanzar la paz interior.*
>
> SATISH KUMAR

A menos que hagamos las paces con nosotros mismos, no alcanzaremos la paz mundial, ni siquiera podremos empezar a entender lo que significa la paz. Nuestro concepto de paz es muy unidimensional. Pensamos que el mundo solo estará en paz si los presidentes y primeros ministros se reúnen y negocian la paz. Tal vez queremos eliminar las armas nucleares e incluso otro tipo de armamento convencional, pero por lo demás queremos seguir como hasta ahora. No queremos enfrentarnos al hecho de que la carrera armamentística tiene su origen en nuestra alma. Liberarse de todos los miedos y lograr la paz interior es el primer paso hacia un mundo en paz. La paz es más que la ausencia de guerra; la paz es una forma de vivir.

Junto con la paz interior, es necesario que nos reconciliemos con la naturaleza. La paz ecológica es una condición previa a la paz del mundo. El movimiento por la paz y el movimiento ecológico han trabajado hasta ahora como si no tuvieran nada que ver el uno con el otro. Pero ha llegado el momento en el que tenemos que crear lazos muy fuertes entre lo «verde» y la «paz». El crédito debe darse al único grupo que resalta este vínculo, Greenpeace. Todos los grupos que trabajan por la ecología y por la defensa de la paz deben focalizar lo «verde» y la «paz» a la vez. La guerra siempre es un desastre ecológico. En consecuencia, nadie que tenga una mente ecológica puede permitirse ignorar la necesidad del desarme. Y el desarme no se conseguirá sin detener la carrera para controlar los recursos naturales del mundo. Hoy pensamos que por derecho natural podemos explotar la naturaleza, conquistarla, dilapidar el planeta Tierra. Que podemos hacer lo que nos da la gana en nombre de nuestra comodidad, nuestro nivel de vida y nuestras conveniencias.

Parece que estemos en guerra con la naturaleza. Esta guerra contra la naturaleza se debe a nuestro afán por un crecimiento económico ilimitado. Para satisfacer este afán decimos, por ejemplo, que tenemos que encontrar más petróleo lo antes posible para que cada vez haya más coches y aviones funcionando. Tenemos que ser capaces de ahorrar tiempo en cada viaje. No nos importa lo que les pase a nuestros hijos, a nuestros nietos y a nuestros biznietos. Nos da lo mismo. Lo que queremos son beneficios económicos a corto plazo para nosotros. La forma en que tratamos la tierra, el planeta, el territorio, la forma en que criamos animales en granjas industriales, la forma en que tratamos los ríos, el aire, el agua, los mares y las montañas, y la forma en que talamos los bosques demuestran nuestro menosprecio por la naturaleza. Estamos completamente centrados en nosotros mismos.

Si queremos hacer las paces con nosotros mismos, con la naturaleza y con las personas, debemos mirar con atención la relación que tenemos con nuestro trabajo. Tenemos que empezar a pensar en nuestra vida cotidiana. En cómo vivimos. Tenemos que pensar en el tipo de trabajo que realizamos. La principal expresión de estar en paz con uno mismo, con el mundo y con la naturaleza es la adopción de unos medios de vida adecuados. ¿Cuántas personas llevan a cabo su trabajo sin perjudicar ni dañar la Tierra? ¿Cuántos de nosotros realizamos nuestro trabajo con alegría, con una sensación de logro y satisfacción anímica? ¿Cuántos maestros se levantan por la mañana pensando «Oh, me voy a la escuela a enseñar a mis alumnos; qué alegría poderles dar algo de mí mismo»? ¿Cuántos médicos van al hospital pensando «Soy médico y disfruto entregándome a mis pacientes»? ¿Cuántos de nosotros amamos nuestro trabajo y cuántos de nosotros lo hacemos solo porque tenemos que pagar las facturas? Vivimos para pagar facturas. ¡Qué forma de desperdiciar la vida! Enseñar, cultivar la tierra, cocinar, trabajar en la oficina, hacer una silla o un zapato puede ser y debería ser una obra de arte, un acto de devoción. El trabajo es un culto, pero no el tipo de trabajo que realizamos hoy en día.

El trabajo creativo, que lleva a la paz interior y exterior, difícilmente es posible en el actual sistema económico, que efectivamente es una economía bélica. Para mantener los intereses económicos, las naciones usamos la fuerza militar. Se cree que para proteger los mercados en África, Asia o América del Sur es necesario un fuerte poder militar. Consumiendo la cantidad de energía que consumimos y con nuestra vida dependiendo del petróleo de Oriente Medio o del gas de Rusia, de las exportaciones de coches y ordenadores a África y Asia, de las importaciones de té, tabaco, café y ropa de todo el mundo, desde luego necesitaremos un ejército que nos permita el acceso a los recursos naturales. Y no somos los únicos que tenemos puesto el ojo en el petróleo; los chinos también quieren una gran parte del pastel. Y lo mismo los indios. Para ellos es inaceptable que los británicos, los franceses, los alemanes y los americanos sean los únicos que tengan derecho a todo el petróleo del mundo.

Llámense comunistas, socialistas o capitalistas, todos son responsables de haber creado la economía de la guerra. Si los que quieren la paz creen que podemos liberarnos de la guerra sin cambiar el sistema económico, se están engañando. Tenemos que cambiar la economía de la guerra actual y convertirla en una economía de la paz. Esta economía sería mucho más autosuficiente, y el comercio, si lo hubiera, se basaría en la justicia y no en la explotación. Por ahora, en todas las luchas por el poder económico, el más fuerte es el que se lleva el mayor beneficio. Cuando se negocia entre indios y británicos, o entre argelinos y franceses, o entre mexicanos y americanos, los americanos y los europeos imponen los términos de la operación porque son más fuertes. Incluso en las negociaciones de la OMC (la Organización Mundial del Comercio), las naciones occidentales consiguen lo que quieren tras la apariencia de la igualdad. Tienen los resortes del poder en sus manos.

El mundo en el que vivimos es un mundo gobernado por personas inteligentes. E.F. Schumacher solía decir: «El mundo ha llegado a ser demasiado inteligente para sobrevivir». Los responsables de la política son personas que cobran sueldos elevadísimos, conducen automóviles enormes y poseen casas formidables, y estas personas tan inteligentes están llevando nuestro planeta al borde del desastre. Pero cuando les hablamos de la unidad del mundo y de la paz en la tierra dicen: «Es usted demasiado *naif*. Demasiado idealista. Su concepto es simplista. Tiene que enfrentarse al mundo real». Pues ha llegado la hora de que los idealistas, los naif y los simples hablen. Ha llegado la hora de que los dóciles, los que no tienen ningún poder militar ni industrial, traigan la paz a la tierra.

Tuvo lugar la revolución industrial. Ahora se está produciendo la revolución de internet. Hemos conquistado el espacio. Hemos creado armas nucleares. Tenemos una explosión de consumismo. Sin embargo, nada de esto basta. Todavía estamos obsesionados con el «crecimiento económico». Estamos absolutamente obsesionados con el materialismo, hacia el cual se orientan todas nuestras energías, nuestro pensamiento y nuestras investigaciones. Los gobiernos, los parlamentos y los medios de comunicación dedican su tiempo o la mayor parte de él a fomentar el crecimiento económico.

Los países industrializados necesitan liberarse de dicha obsesión. Ya basta. A menos que sepamos ver cuándo el vaso se ha colmado, nunca será suficiente, porque no hay límite. Pero en el momento en que lo veamos, ¡entonces nos daremos cuenta de que realmente ya basta! Debemos compartir lo que tenemos de una forma más equitativa. No hemos de dedicar todo nuestro tiempo a temas económicos. Podemos y debemos dedicar nuestro tiempo a construir la paz del mundo, la paz interior y la paz ecológica. Pero ¿cuándo lo hacemos? No tenemos tiempo. Todo el tiempo del que disponemos se va en actividades materialistas. ¿Por qué estamos tan ocupados? Hace siglos, cuando en el mundo había menos crecimiento económico, menos progresos materiales, las personas tenían tiempo para construir magníficas iglesias y catedrales en todas las ciudades de Europa. ¿De dónde sacaban el tiempo y la paciencia para construirlas? Ahora no tenemos tiempo, queremos edificios prefabricados. ¿A dónde se ha ido todo el tiempo?

La causa de todos nuestros conflictos y de la falta de paz reside en el pensamiento negativo. El pensamiento negativo de un lado refuerza el pensamiento negativo del otro, ya sea entre católicos y protestantes, judíos y palestinos, americanos y rusos. Si existe alguna posibilidad de que reine la paz, hay que empezar por tener un pensamiento positivo. Los protestantes tienen que ponerse en la piel de los católicos, los judíos en la de los palestinos, los americanos en la de los rusos, y viceversa. Hay que empezar siendo compasivos y positivos, poniéndonos en la piel de los demás y dándonos cuenta de que somos miembros de una misma familia.

Propongo a continuación lo que podría ser el inicio de un pensamiento positivo. Todos los días, mejor a la misma hora, deberíamos dedicar un minuto a meditar sobre la paz y a rezar por ella. Un minuto es una contribución muy pequeña, pero recordarlo y hacerlo todos los días es lo más importante de todo. En la India tenemos el concepto del mantra, que significa que utilizamos una palabra a modo de pila y la cargamos todos los días con energía espiritual concentrándonos en ella. A continuación presento el mantra de la paz:

Llévame de la muerte a la vida,
de la mentira a la verdad;
llévame de la desesperación a la esperanza,
del miedo a la confianza;
llévame del odio al amor,
de la guerra a la paz.
Que la paz llene nuestro corazón,
nuestro mundo, nuestro universo.
Paz, paz, paz.

Políticos, hombres de negocios, incluso los policías y los militares deberían decir esta oración todos los días. Si meditamos a diario sobre este mantra, actuará como una semilla. Desde luego no basta con poner una semilla en el jardín sin cuidarla ni alimentarla. Pero si no la sembramos, no habrá nada que alimentar. Del mismo modo, si usamos este mantra como oración por la paz, nos dará un foco, así como un momento de calma durante el que podremos reflexionar sobre el estado de nuestra alma, el estado de la sociedad y el estado de la tierra, del entorno.

Si millones de personas en el mundo empezaran a meditar sobre este mantra y a orar por la paz, seguro que se produciría un cambio en el clima, un cambio en las mentes y los corazones. La paz no llegará gracias a las reuniones presidenciales; solo llegará cuando tenga lugar un cambio en el ambiente, un cambio en el pensamiento, un cambio en la actitud, en la mente de las personas de Occidente y Oriente. Si esto ocurre, las instituciones cambiarán, los gobiernos cambiarán, los sistemas políticos y económicos cambiarán, la gente tendrá control sobre su propia vida y sobre los temas que afectan a sus pueblos y ciudades. Miles de acciones diferentes sucederán. Una meditación diaria por la paz actuaría como catalizador. Un minuto al día es un buen comienzo. Después tal vez querremos ampliar esta práctica a diez y veinte minutos. Esta práctica nos ayudará a entrenar y a transformar la mente para liberarse de pensamientos negativos. Sea la paz o la guerra, la oración o el reproche, todo empieza en nuestra mente. Si la mente es pura y positiva, nuestras palabras serán dulces y buenas; y cuando nuestras palabras son positivas y amorosas, nuestras acciones también son compasivas y bondadosas. Por lo tanto, empecemos con nuestra mente, observemos el proceso de nuestro pensamiento que tiene lugar en nuestro interior. Esta es la razón por la que la meditación es tan crucial.

Meditar para sanar

La meditación es un método para sanar el alma y traer la paz al mundo. Las palabras «meditación» y «medicina» están relacionadas. Proceden de la palabra latina *mederi*, cuyo significado es «prestar atención» y «cuidar». Cuando prestamos atención a nuestro cuerpo físico para cuidarlo, sobre todo cuando estamos enfermos o no nos encontramos bien, nos tomamos una medicina. De igual modo, cuando prestamos atención a nuestro ser interior, a nuestra alma, a nuestro espíritu y a nuestras emociones, estamos practicando meditación.

Cuando enseño a meditar, guío a mis alumnos siguiendo los siguientes pasos:

En primer lugar, presta atención a la postura de tu cuerpo. Siéntate cómodamente, utiliza un cojín si te hace falta. Relaja los hombros. Relaja los brazos. Relaja la parte anterior y posterior del cuerpo. Relaja los muslos, las rodillas y las pantorrillas. Relaja los pies. Siente la energía que recorre hacia arriba tu columna vertebral. Relaja la cabeza, la frente, los ojos, las mejillas, la barbilla, los labios, la lengua y la mandíbula. Relaja toda la cara. Relaja todo el cuerpo. Suelta todas las tensiones.

Junta las palmas de las manos cerca del pecho e inclínate ante el sagrado universo, reconociendo que eres un microcosmos del macrocosmos.

Luego apoya las manos en las rodillas, con las palmas mirando hacia arriba. Une las puntas de los dos dedos índices con la punta de los dos pulgares, formando un círculo. Este círculo representa el Sol, la Luna y la Tierra. El círculo simboliza también el ciclo del tiempo y el ciclo de la vida. Los tres dedos restantes, que se quedan rectos, representan el pasado, el presente y el futuro simultáneamente.

Presta atención al silencio, a la quietud y a la calma. Deja que tu mente se relaje. Ahora todo está bien dentro de ti y en el mundo que te rodea. Interrumpe tus pensamientos, deja a un lado las preocupaciones y los planes. Sonríe al mundo.

Dirige la mente a tu respiración. Cada vez que inspires, di para ti: «Inspiro». Cada vez que espires, di para ti: «Espiro». Sigue el recorrido de tu respiración a través del cuerpo, a través del pecho, a través del abdomen, a través de las piernas y de los brazos. Sé consciente de cómo la respiración nutre todo tu cuerpo.

Toma conciencia del principio, del medio y del final de cada inspiración y de cada espiración. Fíjate sobre todo en el momento en que la inspiración da paso a la espiración, y en el momento en que la espiración da paso a la inspiración.

Mientras respiras con plena conciencia, date cuenta de todas las fases de tu respiración y de la sensación que el aire produce en tu cuerpo. Sé consciente de que todos los seres humanos comparten el mismo aire vital que respiras tú. De este modo toda la humanidad está conectada contigo. De este modo todos estamos relacionados. Sin abandonar este sentido de unidad de toda vida, lleva la atención a tu respiración y respira suave y naturalmente.

Mientras respiras con plena conciencia, con toda tu atención puesta en tu cuerpo relajado, date cuenta de que no solo toda la humanidad sino también las plantas, los animales, los ríos y las montañas se sostienen gracias al mismo aire vital que estás respirando tú. De este modo, todos estamos conectados, todos estamos relacionados. Sin abandonar este sentido de unidad de toda vida, lleva la atención a tu respiración y sonríe.

En sánscrito existe un mantra que es la semilla de todos los mantras: *om*. Repítelo tres veces, cántalo con tu propio tono. Inspira profundamente y canta la sílaba, alargándola lo máximo que puedas. Has de saber que este sonido llega a todos los rincones del universo y vuelve a ti. Este sonido es el vehículo de la compasión y la sabiduría. Todos los seres vivos, no solo las personas, con los que compartes el aire que respiras son tu familia y tus amigos. No hay ninguna razón por la que tenga que haber conflicto alguno entre vosotros. Abandona toda ansiedad. Calma tu mente. Respira con plena atención y sonríe. Disuelve tus miedos. Perteneces a la Tierra, siéntete en casa, todo está bien. Relájate y respira atentamente. El sol, la lluvia y la tierra te alimentarán. Ten confianza. Respira conscientemente, inspira profundamente y sonríe.

Llena tu corazón de compasión y di: «Que todos los seres sean felices, que todos los seres se sientan a gusto, que todos los seres vean lo bueno de esta Tierra y que nadie sufra por miedo, ansiedad o enfermedad». Siente que tu corazón está lleno de amor por todas las personas, pero sobre todo por aquellas que quizá han perdido el camino. Estas necesitan tu compasión.

Decide que en tu vida vas a ir en pos de la verdad, el amor y la compasión. Decide que buscarás la belleza, la unidad y la generosidad. Luego ofrece tus pensamientos, tus palabras y tus acciones al bienestar de todos, ahora y en el futuro.

Respira conscientemente y sonríe. Sé consciente de que tu cuerpo está completamente relajado, disfruta de estos momentos de calma, quietud, silencio y respiración consciente. Sonríe.

Dite: «Tengo la intención de pensar, hablar y actuar con plena atención y conciencia durante todo el día». Entonces no hay ninguna diferencia entre meditar y vivir. Meditar es estar atento en todos y cada uno de los momentos de la vida y, por lo tanto, es una forma de vida.

Para terminar la meditación, une las palmas de tus manos, y así unidas llévalas delante de la frente e inclínate ante el sagrado universo y la sagrada vida.

Luego lleva las palmas aún unidas cerca del pecho y expresa tu agradecimiento a la vida, al sol, a la lluvia, a la fertilidad de la tierra, a las atenciones y cuidados que recibiste de tus padres y de otros parientes, a tus amigos, a tus antepasados, a todos. Agradecimiento a la tierra, al alma, a la sociedad.

Sé consciente de la sensación de gozo, satisfacción y logro.

Con las palmas todavía en posición de oración, imagínate que todos los opuestos se complementan y forman un todo: izquierda y derecha, oscuridad y luz, arriba y abajo, masculino y femenino, negativo y positivo; los elementos aparentemente opuestos son diferentes caras de un todo. Sin abandonar este sentido de totalidad, integridad e interrelación, concluye esta sesión de meditación.

Esta sesión de meditación es una práctica útil para cuidar el alma y para aprender a estar atento y a cuidar de uno mismo y de las relaciones con las demás personas de un modo armónico y adecuado. Es posible vivir una vida feliz, sin miedo, sin ansiedad, sin aferrarse a las cosas. Está en tus manos.

Si cada uno de nosotros está atento de esta forma y vive en calma y felicidad, qué duda cabe de que el mundo será un lugar mejor, un lugar bello. Si somos conscientes, si vivimos y actuamos con plena conciencia y atención, la belleza interior y exterior fluirá a través de nuestra vida.

El imperativo de la belleza

La belleza es el alimento del alma. Es fundamental, no es ningún lujo. La belleza es para todos, no solo para unos pocos. La belleza es más que la guapura. Cuando algo tiene la proporción exacta, el equilibrio justo y una relación adecuada, experimentamos armonía, sensación de comodidad y gozo, nos sentimos tranquilos y a gusto. Es la experiencia de la belleza; es algo más que una apariencia externa, más que un placer visual. La belleza es una maravillosa fuente de satisfacción.

Experimentamos la belleza con todo nuestro ser, a través de todos los sentidos y más aún. La belleza es alimento para nuestro cuerpo, nuestra mente y nuestra alma. Sana nuestro corazón y nutre nuestro intelecto. La belleza es una cualidad interior y también exterior. La belleza interior y la belleza exterior son aspectos de una única realidad. Los pensamientos sanos, los buenos sentimientos, las palabras amables, la humildad de nuestro corazón y la generosidad de nuestro espíritu ayudan a crear las condiciones en las que irradiamos belleza hacia el exterior.

Camino con la belleza ante mí,
camino con la belleza tras de mí,
camino con la belleza encima,
camino con la belleza debajo,
camino con la belleza a mi alrededor.
El mundo entero es bello,
el mundo entero es bello,
el mundo entero es bello.

BASADO EN UNA CANCIÓN NAVAJA

Verdad, belleza y bondad son una continuidad. Cuando la verdad encarna la belleza, nace la bondad. No puede existir bondad sin verdad ni belleza. La verdad sola no basta; es demasiado cortante, demasiado áspera, demasiado contundente, y tenemos que adornarla e impregnarla de belleza. Cuando decimos la verdad, tenemos que decirla con belleza para no herir a nadie, para no hacer daño a nadie. La belleza hace que nuestras palabras sean agradables, tiernas, amables y bondadosas. Las palabras dulces y bellas también deberían ser verdaderas. La verdad y la belleza van juntas. El poeta John Keats escribió: «La belleza es verdad, la verdad, belleza; eso es todo/lo que sabes en esta tierra, y no te hace falta saber más».

William Morris nos lo advirtió: «No tengas nada en tu hogar que no sea útil, o que creas que es bello». El poeta salvó así la distancia entre lo bello y lo útil, no existe conflicto entre ambos; tienen que vivir juntos. Mi madre fue aún más lejos; solía decir: «Todo lo que hagas tiene que ser bello, útil y duradero a la vez [BUD]. ¿Solo bello? No es suficiente. ¿Solo útil? No es suficiente. ¿Solo duradero? No es suficiente. Las tres cosas a la vez». Yo lo llamo el principio BUD de mi madre.

La cultura de la producción y el consumo en masa han enviado la belleza al exilio. La arquitectura moderna y utilitaria ha afeado nuestros pueblos y ciudades. Los edificios prefabricados, los parques empresariales, las zonas industriales, las grandes sedes bancarias y los rascacielos, los centros comerciales y las grandes superficies han ignorado las cualidades intemporales de la proporción, el equilibrio, la armonía y la escala humana. Este divorcio entre función y belleza crea confusión, congestión y conflicto.

La belleza es un prerrequisito para que las casas, las ciudades, la sociedad, la economía y la vida sean saludables. Nuestros arquitectos y urbanistas tienen que tener en mente la belleza cuando realizan diseños urbanos. Los parques y jardines, los árboles y lagos, las flores y frutas no son un lujo, no son superfluos; son elementos esenciales para que una ciudad sea sana, feliz y armónica. Todas las casas, todas las oficinas, todos los centros comerciales deberían estar rodeados de calles con árboles, de setos con arbustos y de parterres con flores. Los colores atractivos, los olores y sabores agradables, las texturas bonitas aportan buena salud y buena suerte. Es el imperativo de la belleza. La naturaleza y la cultura son gemelas idénticas. Si las separamos es en perjuicio nuestro. Con esta separación, la naturaleza sufre y la cultura disminuye.

William Morris lideró el movimiento de las artes decorativas y la arquitectura. Morris creía que cuando construimos una casa con nuestras propias manos, hacemos los muebles en nuestros talleres, moldeamos piezas de cerámica, pintamos cuadros en nuestros estudios y plantamos frutales y flores en nuestros jardines nos transformamos en alquimistas y convertimos lo ordinario en extraordinario. Cuando somos creativos, nos convertimos en creadores de belleza. Descubrimos al artista que llevamos dentro. Todos somos artistas en potencia. Cuando pasamos de ser meros compradores y consumidores a ser realizadores y creadores de belleza, nos convertimos en artistas.

La belleza lleva al amor: amor por los objetos simples y elegantes, amor por el hogar, por la naturaleza y la vida, amor por la humanidad. Amor por los seres queridos. El pavo real baila para que nazca amor en nuestro corazón. Los cisnes nadan para estimular los sentimientos de ternura en nuestra columna vertebral, el ciervo se esconde en el bosque para despertar nuestra curiosidad. La belleza engendra amor y el amor engendra el deseo y el romanticismo. La belleza y el amor convierten la vida en una ocasión para el gozo. Deja que la belleza sea la medida de la humanidad.

IGUAL QUE ABRAZAMOS LA BELLEZA, TAMBIÉN TENEMOS QUE ABRAZAR LA ÉTICA Y LA MORAL.

El imperativo de la moral

CUIDAR LA TIERRA, LA NATURALEZA Y EL ENTORNO ES UN IMPERATIVO MORAL.

Todos distinguimos y tenemos que saber distinguir entre lo bueno y lo malo. Honrar la integridad de nuestro planeta es tan sencillo como hacer lo correcto. Por ahora, parece que la mente humana está absolutamente preocupada por el imperativo del crecimiento económico.

El espectro de la deuda, del déficit, de la recesión y del desempleo se cierne sobre prácticamente todo el mundo occidental. Cuidar y proteger la naturaleza se ve como un lujo propio de los buenos tiempos. Por ahora, la preocupación por la conservación y el cuidado de la tierra se considera un obstáculo que impide el crecimiento económico. La agenda medioambiental está al final de la lista. La prioridad de los políticos, los industriales y los líderes empresariales es construir más aeropuertos, más carreteras, más trenes de alta velocidad, más bloques de oficinas y más edificios de viviendas para estimular el crecimiento económico. Pero no hace falta ser un genio para ver que tiene que haber un límite al número de aeropuertos, de carreteras y de parques industriales que se puedan construir en el espacio limitado de las islas británicas o en nuestro planeta finito.

¿Qué haremos cuando hayamos cubierto todo el territorio de cemento, todos los campos y granjas de parques industriales y centros comerciales, y cuando hayamos talado todos los bosques para abrir espacio donde construir aeropuertos, carreteras y otros desarrollos urbanos o incluso granjas industriales? Tarde o temprano alcanzaremos el punto de saturación. Por lo tanto, es necesario que pensemos en un sistema económico que sea duradero y sostenible, un sistema que nos proporcione medios de subsistencia y bienestar a todos, y no solo para lo que dure nuestra vida, sino para siempre.

Esto significa que, en lugar de una economía lineal, necesitamos una economía cíclica. Si basamos nuestra economía en la salud de los bosques, estos nos darán frutos, fibra y madera para siempre. Si protegemos las tierras de cultivo, estas nos darán alimentos hasta el final de los tiempos. Si tomamos la energía que necesitamos del sol, de la lluvia y del viento, en lugar de consumir los combustibles fósiles, nunca nos quedaremos sin energías renovables. Si utilizamos nuestra fuerza manual –las manos humanas–, contaremos con una fuerza muscular que será siempre inagotable. Y, desde luego, esta economía cíclica, natural y renovable tiene que desarrollarse a escala humana y debe estar totalmente libre de residuos.

La verdad sea dicha, en el mundo no hay crisis económica y la tierra todavía produce alimentos. Lo que tenemos es una crisis de la moralidad. La humanidad ha perdido el norte. La respuesta, pues, ya no nos la va a dar el antiguo paradigma ni la misma economía industrial dependiente de los combustibles fósiles, sino que la obtendremos orientándonos hacia una economía natural, sostenible y baja en carbono. Y con esta perspectiva el entorno se convierte en un imperativo económico y también moral. Nosotros, la generación actual, no tenemos derecho a quitarles los bosques, los campos y los recursos pesqueros a las generaciones futuras. Desde un punto de vista moral está mal dejarlas sin recursos naturales.

No existe ninguna norma ética que permita llenar los océanos de plásticos y la biosfera de dióxido de carbono. Es responsabilidad moral de todas las generaciones dejar la Tierra en buen estado, si no mejor, de lo que nos la dejaron nuestros predecesores.

Este imperativo moral va incluso más allá de nuestra responsabilidad para con las generaciones futuras. No tenemos ningún derecho moral a atentar contra la integridad de la comunidad biótica. La especie humana no es la única especie que habita la Tierra. Tenemos que respetar los derechos de las otras especies, que son miembros de la comunidad del planeta. Debido a nuestra economía industrial expansiva y a su insistencia en el crecimiento económico ilimitado, hemos puesto en peligro la vida de millones de seres vivos. Disminuir la biodiversidad por culpa de la actividad industrial y económica está mal económicamente y moralmente. Es así de simple.

2

EL MUNDO EN UNA FLOR DE LOTO

EL MUNDO EN UNA FLOR DE LOTO

Buda fue un sanador del alma. Nos enseñó a no desesperarnos por dolor. El dolor es parte de la vida. Solo los cuerpos vivos sienten dolor. Solo los corazones vivos sienten tristeza. Solo a través del dolor nacemos y morimos. Todos tenemos que pasar por el dolor del crecimiento. Todos tenemos que experimentar los males y achaques propios de la vejez. Todos experimentaremos el dolor de la muerte. El dolor físico suele ser obvio, pero también sufrimos dolor psicológico, emocional y espiritual. Esta es la Primera Noble Verdad de la existencia. No porque temamos al dolor este va a desaparecer. Sin embargo, si nos enfrentamos a él, reconociéndolo y aceptándolo, veremos el dolor con perspectiva, pero en su sitio. El dolor es parte del esquema universal de las cosas.

Ya sea un sufrimiento físico o psicológico, siempre existe una causa del dolor. ¿Puedes encontrar la causa? ¿Será una forma de vida poco natural? ¿Será una dieta inadecuada? ¿O quizá una ansiedad innecesaria? ¿O tal vez una ira poco deseable, apego e ilusión? ¿Cuál es la causa? Medita sobre ella. Descúbrela. No podrás tratar el dolor y el sufrimiento adecuadamente si desconoces su causa. Esta es la Segunda Noble Verdad.

No te desesperes. El sufrimiento llega, el sufrimiento se va. Lo que empieza también termina. Ten confianza y esperanza. Posees una capacidad innata de tratar el dolor y el sufrimiento. Dentro de ti están latentes la inteligencia, la creatividad y la inventiva. Utiliza tu poder imaginativo y tus habilidades y serás capaz de superar todo tu dolor y problemas. Alcanzarás el estado de equilibrio e iluminación.

Esta es la Tercera Noble Verdad. Mediante convicción positiva y confianza seremos capaces de encontrar soluciones a todos los conflictos, ya sean personales, interpersonales, internacionales o interreligiosos, y de alcanzar un estado de armonía. Si cambiamos nuestra actitud interior, cambiaremos las circunstancias y las condiciones externas.

Sin embargo, dicha armonía no se logra solo con ilusiones. Existen ocho maneras prácticas de alcanzar el bienestar y la armonía. La primera es tener una visión correcta de uno mismo y del mundo, una visión sin prejuicios, objetiva e imparcial. Siempre te tienes que preguntar: ¿mi visión de las cosas es correcta? ¿Me motivan mi ego y mis propios intereses o me motiva la verdad? Si te haces esta pregunta sinceramente, tu propia voz interior y tu propio corazón te darán la respuesta más sincera.

En segundo lugar, una visión correcta debe ir seguida de un modo de pensar correcto, un modo de pensar que no perjudique a nadie, ni siquiera a uno mismo, ni a otras personas ni a ninguna especie no humana. El bien y el mal pueden entenderse simplemente en términos de violencia y no violencia. Si algo es violento, está mal; si no es violento, está bien. Esta fórmula budista es aplicable en cualquier circunstancia. La no violencia es la piedra de toque de la rectitud. Un modo de pensar correcto significa pensar bien de los demás y poner su bienestar por delante del propio. En realidad, el bienestar de los demás y el propio son una sola y misma cosa. Sin embargo, desde fuera puede parecer que existe conflicto entre el interés propio y el interés de los demás; si quieres liberarte de sufrimientos psicológicos y emocionales, es necesario que pongas en primer lugar el interés de los demás. De esta forma, habrás acabado con todos los conflictos y te habrás puesto al servicio de los otros.

Tercero, pensar de un modo correcto te permitirá utilizar las palabras correctas. Desde luego debemos decir la verdad, pero debemos decirla con suavidad, con dulzura, sin violencia. Si deseas de verdad liberarte del sufrimiento y el dolor, no utilices la palabra para condenar a otras personas, para rebajarlas. Las palabras dichas con ira regresan a ti como un búmeran, se vuelven contra ti para atormentarte. Lo más probable es que te devuelvan ira. En primer lugar, las palabras duras que hayas dicho y la ira que hayas sentido te procurarán malestar a ti y a los demás y, en segundo lugar, las palabras duras pueden dar lugar a más palabras duras de quien las recibe. No esperes liberarte del dolor mientras sigas utilizando las palabras incorrectas.

> ”
> *Sé valiente para vivir con sencillez, pero vive bien y con alegría.*
> SATISH KUMAR

Cuarto, haz lo correcto. Antes de actuar, piensa: ¿la acción que voy a hacer es necesaria? ¿Esta acción me comportará bienestar? Si la respuesta es sí, significa que se trata de una acción correcta. Tu felicidad depende de hacer lo correcto. No culpes a nadie de tu sufrimiento o de tu dolor si tus acciones no son honestas. Sé consciente de tus acciones. Tienes que estar siempre seguro de que tus acciones te procuran armonía, dicha y paz.

Quinto, encuentra un medio de subsistencia correcto. El objetivo de la vida no es solamente ganar un sueldo; el objetivo es construir una vida. Por lo tanto, el trabajo debe estar basado en nuestra vocación, en nuestra llamada interior. No busques el éxito de la fama o la fortuna, busca la satisfacción del cumplimiento. En lugar de buscar un trabajo o un empleo, busca un medio de vida. Un trabajo te proporcionará dinero, con un empleo quizás pagarás las facturas, pero nada de esto te hará feliz. No te quejes de tu infelicidad mientras sigas haciendo un trabajo que no quieres hacer. Sé valiente para vivir con sencillez, pero vive bien y con alegría. Tu deseo de tener más, de poseer más y de consumir más al final te causará dolor y sufrimiento. Por lo tanto, el camino hacia una vida sin sufrimiento requiere un medio de subsistencia correcto.

Sexto, por mucho que hayas trabajado en la vida, por mucha atención, diligencia y compromiso con que te la hayas tomado, si tu esfuerzo, compromiso y diligencia los has dedicado a la extracción de petróleo, a promover un sistema bancario injusto, a desarrollar semillas manipuladas genéticamente o a administrar la producción de productos inútiles o perjudiciales, todas las virtudes mencionadas no son correctas. La diligencia es solo una virtud si se practica en el contexto adecuado y se enfoca hacia la finalidad correcta: el bienestar de todas las personas.

Séptimo, del mismo modo que aplicamos correctamente la diligencia, también debemos aplicar bien el *mindfulness* (o plena conciencia). Es posible que dispares, caces, compres y vendas poniendo la máxima atención y conciencia en dichas actividades, pero si al mismo tiempo dañas el entorno, perjudicas a los animales y agotas los recursos, una palabra tan adorable como mindfulness dejará de serlo. El mindfulness equivocado no acabará con tu sufrimiento, por lo tanto a cada paso que des en la vida pregúntate: ¿esta acción atenta y consciente que voy a acometer comportará beneficios o daños? Si la respuesta es lo último, entonces el mindfulness no basta, pero si la respuesta es lo primero, entonces se trata de un mindfulness correcto.

En octavo y último lugar, igual que la diligencia y el mindfulness, la concentración puede ser buena o mala, beneficiosa o perjudicial. Por lo tanto, siempre tenemos que hacernos la misma pregunta, una y otra vez: ¿estoy concentrado en algo correcto o mi concentración me llevará a estar enfadado, preocupado, irritado, deprimido y triste? Si se trata de una concentración buena, no habrá ninguna diferencia con la meditación, y con una concentración buena podrás transformar las actividades cotidianas en una práctica espiritual, ya sea andar, cocinar, cuidar el jardín, coser, construir, escribir, hablar o cualquier otra tarea que emprendas; con todas gozarás y todas serán una fuente de felicidad.

Estas ocho importantes prácticas pueden poner fin al sufrimiento. Buda no te va a poner la felicidad en bandeja; solo tú eres el dueño de tu destino. La felicidad es tu derecho natural, pero tendrás que reivindicarla y cuidarla.

Pero resulta que te gusta tener una visión incorrecta, pensar de un modo incorrecto, utilizar palabras incorrectas, hacer lo incorrecto, realizar trabajos incorrectos, comer alimentos incorrectos, y aun así quieres ser feliz, y no sentir dolor ni sufrir. ¿Cómo?

Con una visión correcta, un pensamiento correcto, una acción correcta, un medio de vida correcto, una diligencia correcta, un mindfulness correcto y una concentración correcta resolverás todos tus problemas, pondrás fin a tu desasosiego y alcanzarás el equilibrio.

La tierra como maestra

Una mañana Buda estaba sentando meditando, con las piernas cruzadas, las manos en su regazo, la derecha encima de la izquierda.

–Nos enseñas equilibrio y compasión. ¿De quién aprendiste este sabio conocimiento? –le preguntó un discípulo.

Buda levantó la mano derecha y tocó el suelo con ella. Se mantuvo en esta postura un rato, sin decir palabra. El discípulo lo observó en su nueva postura, a la que se conoce como *mudra bhoomisparsha*, que significa «postura tocando el suelo».

El discípulo se dio cuenta de que la tierra era la maestra de Buda. Nadie hay más paciente, resistente, clemente y generoso que la tierra. La tierra nos sostiene, nos alimenta y protege toda vida. Los seres humanos la pisamos, la aramos, la cavamos y construimos encima de ella, y aun así el suelo nos perdona. Los humanos enterramos una semilla en la tierra y esta semilla se multiplica por diez mil y nos proporciona alimentos a cambio. Nosotros, los que andamos tras la verdad y la liberación, tenemos que aprender de la tierra las cualidades del dar incondicionalmente, del no esperar nada a cambio.

El discípulo también se dio cuenta de que Buda se sentaba bajo un árbol para meditar y que mientras estaba sentado bajo el árbol recibía la iluminación. Y la recibía porque observaba profundamente que todos los fenómenos del mundo vivo, representados en el árbol, son impermanentes y están totalmente interconectados, y que a través de esta relación mutua y recíproca el mundo alcanza su armonía. El sol alimenta al árbol, la lluvia alimenta al árbol, el suelo alimenta al árbol, el árbol alimenta a los pájaros. El árbol devuelve el alimento a la tierra dejando caer sus hojas; ¡qué mundo tan interconectado! Todo lo demás está interconectado, igual que el árbol. La vida se mantiene gracias a este constante dar y recibir. En la naturaleza no hay acaparamiento, posesión ni propiedad. Todo es un constante fluir y cambiar. Esto era el significado de la postura de «tocar el suelo».

> “
> *Nadie hay más paciente, resistente, clemente y generoso que la tierra.*
> SATISH KUMAR

En otra ocasión Buda estaba sentado junto a un estanque. Sus discípulos, sentados a su alrededor, guardaban calma y silencio mientras esperaban que les impartiera sus enseñanzas; pero Buda tomó una flor de loto del estanque y miró a los ojos de los monjes. A su vez los monjes miraron a los ojos de Buda, pero en los ojos de aquellos hombres había una especie de inexpresividad, causada por la perplejidad y el asombro. Buda siguió sosteniendo en su mano la flor de loto. Al cabo de un rato, uno de los discípulos, llamado Ananda, sonrió alegremente a Buda, que a su vez le devolvió otra alegre sonrisa. Luego dejó la flor en el estanque, se levantó y se marchó sin decir una sola palabra.

Los demás discípulos miraron a Ananda sorprendidos y le preguntaron:

–Cuando mirábamos a Buda y nos preguntábamos por qué sostenía la flor de loto en la mano, tu sonreías con tanta dicha que el maestro parecía muy contento y te ha bendecido con su sonrisa, guiñándote el ojo. Por favor, Ananda, ¿puedes explicarnos qué ha pasado entre vosotros?

Ananda respondió:

–Al ver la flor de loto en la mano de nuestro iluminado maestro, Buda, la he visto como una flor de loto, ni más ni menos, solo una flor del estanque. Pero luego, tras la meditación, he visto el sol brillar en la flor, he visto el agua en la flor, he visto el barro en la flor; ni barro ni flor de loto. Luego he visto a Buda en la flor de loto; no la flor de loto ni las enseñanzas de Buda. En el momento de esta gran lección he visto la flor de loto y a Buda como una sola cosa. He visto en la flor de loto todo el universo. He comprendido el significado del surgimiento codependiente –todo está hecho de todo lo demás–, la vida es una, sostiene muchos elementos en ella y se manifiesta en múltiples formas, pero cada una de ellas dependiente de todas las demás. Al darme cuenta de esta realidad, la unidad de todas las vidas, me ha invadido la alegría y por eso he sonreído. Creo que Buda ha entendido lo que he experimentado. Por eso él también ha sonreído.

Los discípulos le escucharon en un silencio de estupefacción. Ellos también vieron un destello de esta gran verdad.

Las enseñanzas de Buda se extendieron por todo el mundo, a pesar de que él solo llegó hasta donde le permitieron sus pasos. Se expresó con pocas palabras y se comunicó con muchos gestos. Más importante todavía, causó un gran impacto con su ejemplo vivo. Aunque no existían medios de comunicación que no fueran las palabras dichas, miles y miles de personas fueron a escucharle, aprendieron de él y siguieron su ejemplo. Lo que él enseñaba era la pura verdad de su corazón y lo hacía con una profunda compasión hacia todas las personas, sin que le importase para nada su procedencia.

Hacia el final de su vida un discípulo le preguntó:

–Parece que hayas llegado al crepúsculo de tu vida. Espero que te reencarnes una y otra vez como nuestro gran maestro.

Buda respondió:

–No deseo reencarnarme como maestro. Me reencarnaré como Maitreya, como amigo. Allí donde esté el espíritu de la amistad, allí estaré yo. Maestros y discípulos deben ser amigos, padres e hijos deben ser amigos, hermanos y hermanas, esposos y esposas, vecinos, todos deben ser amigos. Incluso los seres humanos y los animales, los pájaros y los insectos, los ríos y los bosques deben ser amigos; tienen que mantenerse mutuamente, apoyarse y vivir en armonía.

Estas enseñanzas son un estímulo para nosotros. No hay duda de que incluso 2.600 años después de su vida, sus enseñanzas aún son ejemplares. No es la persona de Buda, no es Buda histórico, sino Buda vivo dentro de mi corazón quien me alienta. No obstante, Buda fue uno de los más grandes maestros que nos enseñó el camino de la curación de la tierra, del alma y de la sociedad.

Unamos el aprendizaje y la vida

Otro gran maestro, contemporáneo de Buda, Mahavira, que fue quien fundó el jainismo como lo conocemos hoy, nos enseñó la compasión por todos los seres sensibles y respeto por toda forma de vida, cuidando la tierra, el alma y la sociedad.

Yo nací en una familia jainista y a los nueve años profesé como monje de esta religión. Para mí fue como ir a la escuela, pero a una escuela muy diferente de todas las demás. En esta escuela no se hacían diferencias entre el aprendizaje y la vida. La educación de los monjes no consistía en superar exámenes y encontrar un trabajo; la educación se orientaba a la liberación del alma.

Antes de poder tomar lecciones sobre la liberación, tuve que tomarlas sobre la servidumbre. Tuve que aprender de qué me quería liberar. Mi maestro se llamaba Tulsi, yo le llamaba Gurudev, que significa maestro divino. No era un profesor corriente y, por tanto, yo tampoco iba a ser un alumno corriente que busca conocimientos para conseguir algo a continuación. Yo buscaba conocimientos para curar el alma.

Mi gurú me dijo:

–Antes de aprender filosofía, lenguas, literatura o cualquier otra materia, tienes que aprender a ser humilde. A través de la humildad adquieres conocimientos y después, de esos conocimientos, aprendes más humildad.

–¿Qué es la humildad?

–La humildad es que se rinda completamente tu ego, tu deseo de adquirir conocimiento como objeto. La humildad es establecer un total compromiso con lo que estás aprendiendo y con el maestro que actúa como canal de tu aprendizaje. Este compromiso requiere total y absoluta dedicación y concentración. Requiere un aprendizaje en el que se active y agudice la memoria.

Eran grandes ideas y yo era un niño de nueve años. Me acuerdo de que me quedé perplejo, pero el gurú me tranquilizó:

–Solo tienes que guardar estas palabras en el fondo de tu mente, sin preocuparte por ellas.

«¿Qué significa unir el aprendizaje y la vida?», le pregunté. El gurú me contó una historia de la gran epopeya india, el *Mahabharata*. Yudhisthira era el mayor de cinco célebres hermanos conocidos como los Pandavas. Yudhisthira aprendió sánscrito con un maestro, quien le indicó que tenía que aprenderse tres frases de memoria:

Satyam vad	Di la verdad
Dharman char	Sigue el camino correcto
Krodham ma kuru	No te enojes

–Tienes veinticuatro horas para aprenderte estas frases de memoria –dijo el maestro.

A la mañana siguiente, Yudhisthira se acercó al maestro:

–¿Te has aprendido las tres frases que te di ayer?

–Señor, me he aprendido dos, pero no la tercera. ¿Me podéis dar un día más? Haré todo lo posible para aprendérmela –dijo Yudhisthira.

–Eres un chico muy apático y perezoso.

Las palabras del maestro denotaban cierta ira. Sin embargo, le dio otro día para que se aprendiera las frases.

Al día siguiente Yudhisthira entró en la habitación del maestro, avergonzado y cabizbajo.

–¿Qué te pasa, Yudhisthira? Ven aquí. ¿Te sabes ya las tres frases?

–Señor, lo siento. Soy muy lento. Aún estoy intentando aprenderme la tercera frase –dijo Yudhisthira.

–¿Cómo dices? Eres el alumno más tonto que jamás he tenido.

Y al pronunciar estar palabras el maestro propinó un golpe en la cabeza de Yudhisthira.

–¡Señor! ¡Señor! Ya me lo sé. La tercera frase dice *«Krodham ma kura»*, no os enfadéis... Por fin me la he aprendido.

El maestro se quedó desconcertado.

–¿Qué significa que ya te la has aprendido? Hace unos minutos me has dicho que no te la sabías y ahora ya te la sabes. ¿Cómo ha sido?

–Señor, a pesar de que estabais enfadado conmigo, yo no lo estaba, y creo que por eso lo he aprendido.

En este caso se trataba de un buen alumno, pero no de un muy buen maestro, pensé para mí. Pero por suerte mi gurú, Tulsi, era la misma personificación de la unión entre teoría y práctica, y por esto, al contarme la historia de Yudhisthira, me indicó la dirección correcta. Día tras día fui aprendiendo a entender el significado de *dharma*.

Si conoces el significado de *dharma*, conoces el significado de la vida, me dijo el gurú Tulsi.

Aprendí que *dharma* significa mucho más de lo que se pueda explicar con palabras. Como el Tao, lo que se puede decir del *dharma* no es *dharma*. El *dharma* tengo que experimentarlo y sentirlo en el alma. Pero si tengo que utilizar las palabras, puedo decir que el *dharma* es la verdadera naturaleza de todos los seres; eso significa que el *dharma* consiste en vivir según nuestra verdadera naturaleza y ser nosotros mismos. ¿Quién soy? ¿Por qué estoy aquí? ¿Y cómo puedo ser y vivir de una forma que sea verdadera para mi alma?

Según las enseñanzas jainistas, no somos solo nuestro cuerpo. Somos una encarnación de nuestro cuerpo, de nuestro espíritu. Somos un ser físico y no físico a la vez. Conocer la realidad física es fácil, en cambio es mucho más difícil conocer la realidad del alma, del espíritu: del *atman*.

Uno de los principios instintivos y existenciales es que todos los seres vivos desean vivir y no hay ninguno que desee que lo maten. Por esta razón, matar, destruir o dañar la vida va en contra del *dharma*, mientras que cuidar y conservar la vida con compasión es seguir el *dharma*. El primer principio del *dharma* se traduce en la no violencia, o, según los términos jaimistas, en *ahimsa*, no perjudicar: no violencia con uno mismo, no violencia con los demás y no violencia con los otros seres, sean animales, plantas, insectos, océanos, todas las formas de vida.

Aunque la absoluta no violencia es inalcanzable, los jainistas tratan de minimizar la violencia en todo momento y aumentar la compasión día a día, hora a hora, momento a momento.

En aquella época yo tenía solo nueve o diez años, pero pese a mi corta edad, mi gurú me preguntaba todos los días: «¿Aumenta tu compasión?». Yo no sabía darle ninguna respuesta, pero mi gurú decía: «Tienes que aprender a nadar en el océano de la compasión. La compasión no tiene límites».

Una vez le planteé a mi gurú lo siguiente:

–Los peces grandes se comen a los más pequeños, los animales grandes se comen a los pequeños. A mí me parece, pues, que la violencia forma parte integral de la naturaleza. La no violencia absoluta es imposible.

–Es una buena observación. Pero los animales cometen violencia sobre todo para sobrevivir, raramente por placer. Sin embargo, según parece los humanos tenemos la capacidad de encontrar placer en la violencia, de desarrollar armas y bombas, de dominar y explotar, de cultivar la crueldad y ejercer control; tenemos que disminuir todas estas tendencias –me dijo mi gurú–. Un poco de ira y un poco de egoísmo forman parte de la naturaleza humana, igual que la compasión y la bondad. Tenemos que eliminar las plantas venenosas de la ira y el orgullo y cultivar las flores de la compasión y la bondad en el jardín de nuestra conciencia.

Me dieron una suave escoba de lana y me enseñaron a barrer el suelo antes de sentarme en él para no dañar a ninguna hormiga o cualquier otra criatura que anduviera por allí. Me enseñaron a llevar siempre la escoba conmigo y a barrer el suelo delante de mí al andar, sobre todo por la noche, para no pisar ningún insecto.

Todos los jainistas son necesariamente vegetarianos, por lo que un día le pregunté a mi gurú:

–Me has enseñado que hasta las flores, los vegetales, la hierba y los granos tienen alma, lo cual significa que para alimentarnos tenemos que matar. Y eso no es no violencia.

Tienes razón –respondió mi gurú–. Toda vegetación, todas las plantas están vivas. Pero según nuestra práctica de no violencia, decimos que en primer lugar no le haremos daño a ningún ser que tenga cinco sentidos, esto es los seres humanos y los mamíferos. Así se acabaría con las guerras y la matanza de mamíferos en todas sus formas. Después ampliamos la no violencia a los seres con cuatro sentidos, con tres sentidos y con dos. De acuerdo con la biología jainista, la vegetación se considera vida con un solo sentido, y para la supervivencia humana hay que quitar la vida, por lo que la quitamos en su forma más simple. Así es como progresivamente se minimiza la violencia. –El gurú continuó–: La conciencia humana ha evolucionado de tal modo que somos capaces de distinguir entre seres con uno, dos, tres, cuatro y cinco sentidos, y somos capaces de desarrollar nuestra conciencia y transformarla en una conciencia de la compasión. Esta compasión por todos los seres sensibles es la clave para liberarnos del apego a nuestro propio cuerpo a costa del de los demás. A través de la compasión también nos liberamos del deseo de controlar, de subyugar y de explotar a los demás para conseguir nuestra propia gratificación.

Minimizar la violencia y maximizar la compasión progresivamente significa una vida de autocontención. Si la no violencia y la compasión constituyen el principal y más importante principio del *dharma*, la autocontención es el segundo.

«El camino hacia la liberación del miedo, la ira y el apego requiere una vida de contención. En la contención está la satisfacción. La no violencia necesita contención», dijo el gurú.

Me enseñaron a no tener más que una sola muda de ropa, a comer una sola vez al día y a no tener más libros que los que podía cargar a mi espalda, y los libros que cargaba eran principalmente manuscritos de textos religiosos llamados *sutras*, que contienen las enseñanzas de Mahavira. Aprendí muchos sutras de memoria. Todo lo que aprendía durante el día, lo recitaba por la noche antes de irme a la cama (hacia las diez). Me levantaba, o me despertaban, a las cuatro de la madrugada y entonces volvía a recitar los versos que había aprendido el día anterior. Si no me acordaba de alguno, volvía al manuscrito y me lo estudiaba otra vez. Mi gurú siempre insistía en la importancia de aprenderlos de memoria.

El gurú dijo: «Tener los conocimientos en la cabeza es como tener dinero en el bolsillo. Puedes utilizarlos en cualquier momento. Los conocimientos tienen que formar parte de ti, no han de ser meras informaciones contenidas en los libros. Solo puedes vivir tus conocimientos si los llevas en la sangre y en los huesos, en tu conciencia más profunda». El gurú continuó: «La palabra sutra tiene dos significados: hilo y texto espiritual. Así como una aguja enhebrada resulta más difícil de perder y, si se pierde, más fácil de encontrar, si tu mente está cosida con textos sagrados, los sutras, no te perderás en el mundo de los anhelos, los deseos y las pasiones».

Así fue como durante los nueve años de mi vida monástica me aprendí 10.000 versos de sutras jainistas. Y los recitaba todos los días tras la puesta de sol, por la noche y una vez más antes de amanecer.

Me enseñaron a practicar la contención a la hora de adquirir y utilizar posesiones materiales, pero nunca a la hora de adquirir conocimientos sobre los sutras y practicar la compasión.

«¿Por qué enseñamos y practicamos la contención? Porque consumir sin restricciones es el resultado de la codicia», dijo el gurú. «La codicia lleva consigo la ansiedad, el miedo a la pérdida, e impide que los demás alcancen los medios para dar respuesta a sus necesidades. La contención es un prerrequisito para la justicia. Los seres humanos son iguales. Por lo tanto, ¿por qué deseamos acumular y poseer más de lo que necesitamos? A través de nuestra sabiduría y nuestros conocimientos debemos distinguir entre necesidad y codicia. La codicia también es causa de envidia, resentimiento y celos entre los que no tienen la parte que les corresponde.»

El tercer principio del *dharma*, igualmente importante, es el cuidado del alma. Todos y cada uno de nosotros somos el centro de nuestro propio mundo. El mundo es tal como somos y el mundo es tal como lo vemos. Por lo tanto, para lograr nuestra propia liberación es esencial esforzarnos en desarrollar, descubrir y reconocer las cualidades de nuestra alma. Desde los nueve hasta los dieciocho años no solo me enseñaron a practicar la no violencia con todos los seres vivos y a practicar la autocontención, sino también a desarrollar las cualidades del alma a través de largas y profundas meditaciones, practicando un día de silencio a la semana, ayunando un día al mes y permaneciendo solo y callado en medio de la jungla.

«El mundo está formado por seres humanos individuales, criaturas individuales, ríos individuales, árboles individuales, etcétera. Por lo tanto, cuidar a todos y cada uno de los individuos será cuidar el mundo. No podemos cuidar a los demás si no nos cuidamos a nosotros mismos», dijo el gurú. «Uno es su propia luz y uno es su propia oscuridad. Uno es su propio amigo y uno es su propio enemigo. Libérate a ti mismo a través de ti mismo. Los demás te ayudarán. Yo te ayudaré, pero nuestra ayuda solo será efectiva cuando tú te ayudes a ti mismo. Es como si otra persona comiera para alimentar tu cuerpo. Eres tú quien tiene que comer para alimentar tu cuerpo. En el mismo sentido tienes que alimentar tu alma. El viaje del alma tal vez no sea fácil. Tendrás que pasar por convulsiones psicológicas y emocionales, te asaltarán las dudas y el desaliento, pero permanece ahí, persiste, resiste, otros han pasado por la misma experiencia, y hemos aprendido de ellos que existe un estado de liberación, un estado de iluminación cuando alcanzas el equilibrio. En dicho estado de liberación eres capaz de gestionar con ecuanimidad el dolor y el placer, los logros y las pérdidas, lo negativo y lo positivo. El objetivo de tu aprendizaje, de tu vida y de todos los demás esfuerzos es lograr ese estado de equilibrio y armonía.»

> ”
> *El mundo es tal como somos*
> *y el mundo es tal como lo vemos.*
> SATISH KUMAR

En aquella época aprendí el camino del *dharma*: el *dharma* es practicar la no violencia por el bienestar de la tierra, practicar la contención por el bienestar de la sociedad y alimentarte por el bienestar del alma.

Para finalizar, Gurudev Tulsi dijo: «No debes tomarte como un dogma los tres principios que te he enseñado. Nuestra filosofía está enraizada en el concepto de las múltiples verdades. En última instancia la verdad es fluida como el agua. La verdad es invisible como el aire. Por lo tanto, aprende a vivir en la ambigüedad, abraza la incertidumbre, practica la flexibilidad, mantén una mente abierta. No hay ningún objetivo fijo o rígido. Todos y cada uno de nosotros tiene que encontrar su propia liberación, que va más allá de las descripciones, las definiciones, las prescripciones o las reglas. Liberación significa precisamente liberarte de toda idea rígida sobre la liberación misma. Sé consciente, sé abierto, permanece atento, ve más allá de los conceptos intelectuales. Cuando seas libre, ni siquiera sabrás que eres libre».

Estas son las enseñanzas que recibí en mis años de juventud; enseñanzas de Buda y enseñanzas jainistas. Aprendí la unidad de la naturaleza, el espíritu y la compasión; un continuidad de tierra, alma y sociedad.

El pensamiento se manifiesta como la palabra;
la palabra se manifiesta como la acción;
la acción se desarrolla y se convierte en hábito;
y el hábito se endurece en el carácter.
Por eso, observa el pensamiento y sus caminos con atención,
y deja que surja del amor
que nace de la preocupación por todos los seres.

BUDA

3

SÉ EL CAMBIO

SÉ EL CAMBIO

En el capítulo anterior he descrito dos antiguas tradiciones que me ayudaron a encontrar mi visión de la trinidad formada por la tierra, el alma y la sociedad. En este capítulo escribiré sobre Mahatma Gandhi, que encarnó el cuidado por la naturaleza, el espíritu y la humanidad.

Mahatma Gandhi tuvo un especial papel en mi vida. Durante mi etapa como monje jainista alguien me pasó en secreto una copia de la autobiografía de Gandhi. Lo que más me impresionó al leerla fue que, según decía, para practicar la espiritualidad no hace falta renunciar al mundo y convertirse en monje. La verdadera práctica de la espiritualidad, sostenía Gandhi, debía producirse en el mundo, en la vida cotidiana, en la política, en los negocios, en el hogar.

Algo más que entendí a partir de la lectura de aquellas páginas fue que lo que determina la calidad de nuestras acciones es precisamente la motivación que hay detrás de esas mismas acciones. La política de los que en esta vida buscan el poder, la fama o el dinero será una política orgullosa y materialista; sin embargo, quien hace una política al servicio de la sociedad, o para el cuidado de la Tierra, o para la purificación del alma hará una política espiritual, que le llevará a su propia liberación y a la de los demás. Esta es la razón por la que abandoné la orden monástica, proceso que describo en mi libro *No destination*.

Como lo que deseaba era aprender más sobre la filosofía y la práctica de Mahatma, la gran alma, decidí irme a vivir a un áshram gandhiano en Bodh Gaya, el lugar donde Buda recibió la iluminación mientras estaba sentado bajo un árbol. En el áshram leí el libro de Gandhi titulado *Sarvodaya*, que significa el bienestar de todos. Esto ocurría en 1956 y yo tenía veinte años. La India, que había conseguido la independencia de los británicos en 1947, era un país que empezaba a emerger. Había un gran debate sobre la dirección que debía tomar. Algunos eran partidarios del comunismo; el éxito de la Unión Soviética y China era una luz estimulante para la juventud activista y radical india. Otros, los partidarios de la libertad empresarial, miraban hacia el modelo americano capitalista e industrialista. Luego estaban los socialistas demócratas, que querían una economía mixta, en la que se conjugara lo mejor de las teorías de Marx y Adam Smith.

Pero Mahatma Gandhi tenía una visión diferente del mundo. Veía la falacia, la estrechez y el utilitarismo sobre los que se basaban y se construían tanto el socialismo como el comunismo y el capitalismo. En lo esencial no se diferenciaban mucho entre sí. Lo que pretendían estos sistemas era explotar y subyugar la naturaleza para el beneficio humano. No podía decirse que fueran sistemas holísticos. Bajo el título de *sarvodaya*, Mahatma Gandhi diseñó un sistema mediante el cual los seres humanos minimizaban sus necesidades materiales y maximizaban su calidad de vida a través de valores espirituales, culturales, artísticos y humanos.

El término *sarvodaya* está formado por *sarva* y *udaya*. El primero, *sarva*, significa «todos» –no solo los seres humanos sino todos los seres vivos–, y *udaya* quiere decir «bienestar». *Sarvodaya* incluye toda vida, sin excluir ninguna. Según *sarvodaya*, los animales, los insectos, las plantas, los bosques, las montañas, los ríos y también las personas tienen un valor intrínseco. Las personas no tienen más derecho a explotar la naturaleza del que tienen de explotar a otras personas. El deber de los seres humanos es recibir los regalos de la naturaleza con agradecimiento y humildad para dar respuesta a sus necesidades básicas y reponer lo que de la naturaleza han tomado. Mahatma Gandhi decía que en el mundo hay bastante para cubrir las necesidades de todos, pero no hay lo suficiente para satisfacer la codicia de una sola persona.

Cuando Mahatma Gandhi escribía en las décadas de 1920 y 1930, puede decirse que las nociones de medio ambiente o ecología no aparecían en los programas de nadie. Gandhi nunca se calificó a sí mismo como medioambientalista, sin embargo su idea de *sarvodaya* daba cuenta de la necesidad de respetar el planeta, reverenciar la vida y reconocer nuestra profunda relación con el aire, el agua y la tierra.

Gracias a mi anterior condición de monje jainista, entendí de inmediato el profundo significado de la no violencia en relación con la naturaleza. En la mente de la mayoría de las personas, el significado de no violencia se limitaba a respetar la vida humana, evitar el conflicto humano, eliminar las posibilidades de guerra; pero para Gandhi la no violencia era una noción de mucho mayor alcance y profundidad. Debemos ser no violentos con nosotros mismos, con las demás personas y con la naturaleza. Mahatma Gandhi sabía que nuestra ansia, nuestro deseo y nuestra codicia no tienen límites. La Tierra, finita, no puede satisfacer la codicia, infinita, de una población en constante crecimiento.

Según el punto de vista gandhiano, contención no significa privaciones, hambre ni miseria; contención significa conocer la medida adecuada y vivir dentro de nuestros límites, reconociendo que hay otras especies que también necesitan espacio, alimento, bosques y agua. Las personas no tienen derecho a quedarse con la parte de otros seres. Este es el principio que lleva a una vida de elegante simplicidad.

Sarvodaya no reconoce la superioridad de la especie humana por encima de otras especies. La humana se merece el mismo respecto que las demás especies. Por ejemplo, cuando queremos fruta, es importante el árbol que nos la proporciona. Cuando queremos agua, es importante el río, pero cuando queremos disfrutar del teatro o la poesía, entonces la respuesta es Shakespeare. Cuando queremos calor, queremos nuestro hogar. *Sarvodaya* reconoce las funciones apropiadas de cada cosa y muestra respeto por cada una de ellas.

Cuando queremos dormir, la cama adquiere un gran valor; pero cuando tenemos hambre, la cocina es el lugar en el que queremos estar. De igual modo, en la filosofía de *sarvodaya* no hay jerarquía alguna entre las especies. Todos tenemos nuestro lugar en el universo, estamos hechos los unos de los otros, todos estamos relacionados. Sin embargo si como especie humana estamos en una posición de poder, no solo explotamos la naturaleza sino que además tiramos nuestros residuos a la atmósfera y la contaminamos, lo cual provoca el calentamiento global; o al océano, lo cual contamina el mar; o a la tierra, lo cual degrada el suelo y lo erosiona. Solo si garantizamos el bienestar de la tierra, el aire y el agua, aseguraremos nuestro propio bienestar.

Es interesante señalar que Mahatma Gandhi y Albert Einstein compartían ideales parecidos. Einstein, en una carta a un rabí, escribió: «Un ser humano es una parte del todo, que nosotros llamamos "Universo", una parte limitada en el espacio y en el tiempo. Este ser humano se experimenta a sí mismo, sus pensamientos y sentimientos como algo separado del resto, una especie de ilusión óptica de su conciencia. Esta ilusión es una prisión para nosotros, ya que limita nuestros deseos personales y nuestro afecto a unas pocas personas que están cerca de nosotros. Nuestro esfuerzo tiene que ser para liberarnos de esta prisión ampliando nuestro círculo de compasión y abrazando a todos los seres vivos y a toda la naturaleza en su belleza. No hay nadie capaz de alcanzar esta meta completamente, pero el empeño por lograrla es en sí mismo una parte de la liberación, y una base para la seguridad interior» (citado por Jon Kabat-Zinn en *Vivir con plenitud las crisis*).

Einstein y Gandhi sentían una gran admiración mutua, qué duda cabe, teniendo en cuenta sus respectivas visiones de la interconexión de toda vida.

Si el bienestar de todos (*sarvodaya*) es el ideal para la sociedad, entonces *swaraj* (autogobernanza) es el medio político para lograrlo. Mahatma Gandhi no era ni un simple idealista ni un filósofo de sillón. Era un hombre práctico y de acción. Un ideal solo era bueno si se podía poner en práctica.

El término *swaraj* también está formado por dos palabras: *swa* y *raj*. *Swa* significa «yo» y *raj* significa «brillar». Dicho de otro modo, el brillo del yo y el yo que brilla. Según el erudito indio Makarand Paranjape: «En realidad puede decirse que *swaraj* es otra palabra para iluminación»; la independencia política, pues, es una versión de la autogobernanza.

Gandhi, en una de sus colaboraciones para el semanario *Harijan*, que él mismo editaba, destacaba su visión de lo que era una buena sociedad: «La vida no es una pirámide cuya cúspide se sustenta en la base. Es un círculo oceánico cuyo centro es el individuo siempre dispuesto a perecer por su pueblo, y este pueblo está siempre dispuesto a perecer por el círculo de pueblos, hasta que al final el todo resulta ser una sola vida formada por individuos, nunca agresivos en su arrogancia, sino humildes, compartiendo la majestad del círculo oceánico del que son unidades integrales. Por lo tanto, la circunferencia más exterior no ejercerá ninguna fuerza para aplastar el círculo interior, sino que reforzará todos los círculos interiores y de ellos obtendrá su propia fuerza».

Makarand Paranjape comenta: «En el modelo gandhiano de círculos oceánicos, la forma de relación que se establece es muy distinta del orden piramidal o jerárquico de la mayoría de las sociedades. En estas últimas, unos pocos en la cúspide gobiernan a todos los demás. Cuanto más arriba, menos personas, hasta que arriba de todo solo hay una. Según el modelo de Gandhi, el individuo es el centro del círculo oceánico, que expande continuamente su yo para incluir a su familia, sus vecinos, su pueblo, su estado, su país, etc. Lo maravilloso de este modelo es que Gandhi permite que todas las personas sean el centro de su cosmos, pero no limita a nadie a sus propios confines. Todos los seres tienen la capacidad de expandirse hacia fuera, de alcanzar a los demás, de sacrificarse por su bienestar. Así pues, el yo en *swaraj* no es un yo limitado, sino en expansión, es un yo potencialmente ilimitado que puede ampliarse para abrazar todo el cosmos» (extraído de *Acts of Faith: Journeys to Sacred India*, de Makarand Paranjape).

Mahatma Gandhi tomó su modelo de autogobierno de la naturaleza. Los sistemas humanos tienen que ser como los sistemas de la Tierra, que se autoorganizan, se autosostienen, se automantienen y se autogobiernan. Sea cual sea el sistema de gobierno que adoptemos, su misión debería ser el de una simple, sutil e invisible coordinación. Como el hilo del collar. El hilo no se nota, pero allí está. De un modo parecido, el gobierno allí está, pero los ciudadanos son tan capaces que pueden gestionar sus propios asuntos principalmente a escala local. El máximo poder, pues, está en manos de comunidades de escala humana, incluido el mantenimiento de la ley y el orden esenciales, la prestación de atención médica y educación y la organización del comercio y el transporte.

Swaraj solo es posible cuando abrazamos la forma ideal de las pequeñas comunidades, las pequeñas ciudades y las pequeñas naciones. Para Gandhi, la India debía tener unidad cultural, pero diversidad y descentralización política. Por un lado, somos ciudadanos del mundo, miembros de una sola familia humana; por el otro, sin embargo, estamos firmemente enraizados en nuestras comunidades locales y en nuestro lugar.

Para establecer *swaraj* (autogobernanza), necesitamos educación moral a una escala masiva y también necesitamos confiar en la bondad innata de las personas y en su sentido ético.

Según la tradición india, todas las criaturas, humanas y no humanas, son fundamentalmente buenas. Como el agua y el aire, las almas humanas son puras. La contaminación y la polución son una aberración, no la norma. El egoísmo, la codicia, la explotación de los otros y la búsqueda del poder sobre los demás han nacido a partir de determinadas condiciones sociales y económicas. Si somos capaces de restaurar la justicia social y económica y valorar a las personas por sus cualidades positivas como la bondad, la compasión y la generosidad, en lugar de hacerlo por su riqueza, su poder y condición, la gente aspirará a desarrollar sus propias cualidades espirituales, en lugar de competir por las ventajas materiales.

La clave para el éxito del autogobierno (*swaraj*) es la escala adecuada de la organización. En comunidades más pequeñas, todo el mundo se conoce; por lo tanto, cualquier problema, conflicto o dificultad puede ser identificado y solucionado inmediatamente. En cambio, en las ciudades o países de gran tamaño, existe un elevado grado de anonimato y secreto y por esta razón se necesitan grandes organizaciones para abordar la delincuencia, los conflictos y la violencia. Por lo tanto, para llegar a la autogobernanza necesitamos otorgar más poder a las comunidades locales y fomentar más actividad económica en el ámbito local. Entonces la carga de la gobernanza sobre los gobiernos centrales será mucho más ligera. Las reglas y ordenanzas serán más sencillas y se mantendrán localmente.

No es un sueño imposible. Los países pequeños como Suiza y Bután tienen un nivel mucho más alto de autogobierno que los países grandes como la India o Estados Unidos. Durante la mayor parte de la historia, las comunidades indígenas han tenido un grado mucho mayor de autogobierno basándose en su modelo descentralizado de democracia. La idea del estado nación a gran escala es un fenómeno relativamente reciente. La Unión Soviética era un sistema centralizado y monolítico, pero al final acabó en estados más pequeños. Con una mayor descentralización del poder no tienen por qué salir perdiendo los servicios esenciales y el bienestar de la gente. La centralización del poder tiene dos motivos. El primero es la falta de confianza en las personas –se teme que las personas no sepan gestionar sus asuntos en la esfera local–. En segundo lugar, los que están en lo más alto de los grandes aparatos gubernamentales pueden ejercer mayor control y salir ganando con ello.

La idea de Gandhi sobre el autogobierno no contiene ninguno de estos dos motivos. En el autogobierno se debe confiar en las personas, en su capacidad para gestionar sus asuntos y en su buen sentido para discernir entre el bien y el mal. Incluso si cometen errores, estos errores no serán peores que los que cometen los jefes de los estados que presiden grandes gobiernos o los directores de grandes empresas.

No existiría la crisis económica que abruma a Europa y Estados Unidos si el poder político y económico estuviera en manos de las comunidades locales porque estas tendrían más seguridad en sí mismas e identificarían el problema en una fase precoz. Incluso si en ocasiones tuvieran fallos, el impacto de estos sería más suave y limitado.

El principio del autogobierno (*swaraj*) consiste en la participación de las personas en la vida política y no en el control de los demás sobre esta. En consecuencia, es una vía para la autodeterminación, un foro de verdadera democracia, en lugar de la plutocracia y la burocracia que se practican mayoritariamente en Europa, India y Estados Unidos bajo el nombre de democracia. Los estados grandes y centralizados no han conseguido dar con soluciones a la mayoría de problemas humanos. Por ejemplo, la pobreza sigue existiendo incluso en Estados Unidos, por no hablar de África, India o China. En un país como Estados Unidos, con sus abundantes recursos y un enorme territorio, bendecido con la ciencia y la tecnología más punteras, sigue habiendo delincuencia, depresión, analfabetismo, personas sin techo y drogadicciones a escala masiva. Entonces, ¿cuál es la ventaja de tener un superpoder tan centralizado que es incapaz de atender a su propio pueblo?

> “
> *En el autogobierno se debe confiar en las personas, en su capacidad para gestionar sus asuntos y en su buen sentido para discernir entre el bien y el mal.*
> SATISH KUMAR

Los grandes estados no solamente no han resuelto el problema de la pobreza y las carencias sociales, sino que además son una importante causa de conflictos. Países como Bután, Noruega o Costa Rica no pueden permitirse entrar en guerra contra países remotos o tener armas nucleares o subyugar a sus vecinos. Si queremos eliminar o por lo menos mitigar problemas como la pobreza, las carencias sociales y los conflictos internacionales, tenemos que escuchar a Gandhi y explorar la posibilidad de reorganizar nuestros estados naciones para convertirlos en unidades autogobernadas de escala humana.

Sin embargo, tal como comenta el profesor canadiense Anthony Parel en un reciente libro, «El *swaraj* que quería Mahatma Gandhi no solo requería el *swaraj* político (autogobierno) de la nación, sino también el autogobierno espiritual o *swaraj* de los ciudadanos». Y añade: «El *swaraj* de Gandhi incluía el *swaraj* político y económico, así como la renovación estética. Pero ni siquiera esto bastaba para tener el *swaraj* completo. Para tener un *swaraj* completo, los ciudadanos necesitan gozar del *swaraj* espiritual –libertad interior– alcanzada mediante la transformación espiritual» (Gandhi, *«Hind Swaraj» and Other Writings*, editado por Anthony Parel).

Así pues, *swaraj* significa autogobierno más que gobierno sobre los demás. Si la política, la economía y las organizaciones sociales se construyen sobre la base de la transformación espiritual, la política y los negocios volverán a adoptar la forma de servicio público y la fractura entre lo político y lo espiritual se cerrará.

Gandhi insistía sobre todo en la dimensión espiritual del *swaraj* porque, según decía, la persona que no es libre no puede liberar a las demás.

La idea de *swaraj* no es un concepto estático; es un proceso en constante evolución, un viaje en desarrollo y no un destino final. No debemos temer que el *swaraj* perfecto sea imposible, tenemos que esforzarnos para maximizar la autogobernanza y minimizar el gobierno sobre los demás o el ser gobernado por los demás.

Cuando somos conscientes de la responsabilidad personal y de la justicia social, también lo somos del cuidado del entorno natural del que depende la vida. No hay ninguna separación entre el *swaraj* personal, el social y el medioambiental.

El tercer concepto que desarrolló Gandhi es el *swadeshi*, que significa economía local, también basada en el principio de participación de todos los ciudadanos en las actividades económicas de su comunidad. *Swa* quiere decir «yo» y *desh* significa «lugar». El término fue acuñado durante el movimiento por la independencia de la India. En aquel momento, el algodón indio se exportaba a Inglaterra, en cuyas fábricas se convertía en tejido, y luego volvía a la India para ser vendido y obtener grandes beneficios. Así se arruinó la industria india del algodón.

La economía que dependía de las importaciones y exportaciones a larga distancia era una economía para obtener beneficios, no una economía para las personas. Por esto Gandhi lideró el movimiento para el *swadeshi*, boicoteando no solo los productos hechos en Inglaterra, sino también los que se fabricaban lejos, en ciudades indias como Bombay, Chennai o Kolkata. Fue en este contexto en el que Gandhi introdujo de nuevo la rueca animando a la gente a que hilara el algodón y lo tejiera localmente como una forma de integrar y cohesionar la comunidad con los medios de subsistencia, el arte y la artesanía.

El *swadeshi* da lugar al trabajo dignificado, hace que la gente tenga más confianza en sí misma, que sea más autosuficiente y no dependa de los grandes fabricantes, comerciantes e inteligentes explotadores que desean acumular más y más beneficios en unas pocas manos. El *swadeshi* da importancia a la tecnología y las herramientas de escala humana más que a las grandes fábricas. Si la tecnología o las máquinas ayudan a las manos humanas y hacen que el trabajo sea menos duro, entonces la tecnología es compatible con el *swadeshi*; pero si la tecnología sustituye las manos humanas y hace que los obreros sean superfluos, entonces esa tecnología es incompatible con el *swadeshi*.

Mahatma Gandhi creía que lo que podía hacerse localmente y a mano, con herramientas y tecnologías sencillas, tenía que ser protegido (por ejemplo, la producción de alimentos, prendas de vestir, muebles y objetos decorativos, ollas y sartenes, y casas). Las tecnologías sofisticadas, a gran escala y que requieren mucho capital solo deberían utilizarse para lo que no pudiera hacerse localmente, a mano y con herramientas sencillas. La tecnología debería estar al servició de las personas y no las personas al servicio de la tecnología. Cuando la tecnología y la economía se hacen las dueñas y las personas se convierten en instrumentos al servicio de la máquina industrial, entonces el trabajo se convierte en destructor del alma, destructor del medio ambiente y perjudicial para la armonía de la sociedad.

La globalización es la antítesis del *swadeshi*. La globalización depende de grandes sistemas de transporte que requieren excesivas cantidades de combustibles fósiles, lo cual provoca tremendas emisiones de carbono que causan el cambio climático. Una economía local es la garantía que asegura los medios de vida de un modo sostenible con una huella de carbono más pequeña.

La espiritualidad no consiste solo en sentarse con las piernas cruzadas y los ojos cerrados entonando «paz, paz, paz», o en ir a la iglesia los domingos y cantar dulces himnos, o en leer los Vedas, el Corán o la Biblia, o llevar a cabo otras prácticas religiosas parecidas. El *swadeshi* transforma la ganadería y la agricultura, así como actividades como hilar, tejer y fabricar objetos de uso diario, y las convierte en un acto de devoción y servicio. Como dijo san Benito: «Trabajar es rendir culto»; pero solo es culto cuando quien lo rinde usa su imaginación y su creatividad en su quehacer. El trabajo no puede ser culto o práctica espiritual cuando quien lo realiza se limita a ser una mera unidad laboral que participa en una ingrata tarea para algún mercado lejano, que trabaja solo para ganar dinero y pagar sus facturas. La economía industrial, global y de libre comercio ha destruido el trabajo con sentido.

El trabajo local, descentralizado y humano, basado en la vocación de los trabajadores es bueno para el alma y tiene más probabilidades de ser positivo también para la sociedad y para el medio ambiente. En consecuencia, *swadeshi* es un prerrequisito para el cuidado de la tierra, del alma y de la sociedad.

La filosofía de *sarvodaya* (el bienestar de todos), la política del *swaraj* (autogobierno y autoorganización) y la economía del *swadeshi* (autosuficiencia local) ofrecen un programa completo y una solución holística para la mayoría de nuestros problemas contemporáneos, como el creciente desempleo, el agotamiento de los recursos naturales, la amenaza del cambio climático, los conflictos internacionales, la pobreza global, la marginación, la mala salud y la delincuencia. Estos tres preceptos gandhianos dan la posibilidad de que todos y cada uno de los individuos participen plenamente en los asuntos de sus respectivas comunidades. Estos preceptos empoderan a las personas, refuerzan las comunidades, simplifican los sistemas sociales y crean políticas con sentido.

El capitalismo en lugar del *sarvodaya*, las políticas centralizadas en lugar del *swaraj* y la economía global en lugar del *swadeshi* llevan al mundo a una peligrosa degradación medioambiental, a una total desatención de los valores espirituales en la política y a una completa confusión de objetivos en las organizaciones sociales, lo cual constituye los principales aspectos del sufrimiento humano.

Del mismo modo que los socialistas consideran a Marx su filósofo y los capitalistas a Adam Smith su guía, Gandhi debería ser el mentor del movimiento para la sostenibilidad que trabaja por un futuro justo en el que reine la paz. En una ocasión, le preguntaron a Mahatma Gandhi: «¿Qué piensa sobre la civilización occidental?», y él respondió: «Pienso que sería una buena idea». Respondió así porque la llamada civilización occidental está construida sobre la violencia, la agresión, la explotación de la naturaleza y de las personas, la competencia y el control. Una sociedad capaz de construir y usar armas nucleares no puede llamarse civilizada. Una civilización capaz de poner a los animales en granjas industriales y tratarlos con crueldad no puede llamarse civilizada. Una sociedad capaz de devastar bosques y otras coberturas forestales para producir más y más alimentos y luego desperdiciar una gran parte de ellos no se puede llamar civilizada. Una sociedad capaz de tolerar que una tercera parte de ella carezca de alimentos, de techo, de educación o de medicinas no se puede llamar civilizada. Una sociedad que puede hacer la vista gorda ante el trabajo infantil y pagar sueldos miserables a los trabajadores de los países pobres no se puede llamar civilizada.

Tras una fachada de democracia, derechos humanos, libertad de expresión y estado de derecho, las instituciones occidentales se fundamentan en principios como el egoísmo, la codicia, el materialismo, el consumismo y el elitismo, en una palabra, en «violencia». El futuro que quiere construir el movimiento verde y para la sostenibilidad se basa en el principio de la no violencia: no violencia con la naturaleza, con uno mismo y con todos los demás.; y esta no violencia tiene que ser el principio fundamental de la política, la economía, la educación, los negocios, los asuntos internacionales y todas las actividades humanas, sin hipocresía y sin excepciones. La «civilización occidental» quiere quedarse con las armas nucleares pero también quiere evitar su proliferación. Occidente prefiere una ley para sí mismo y otra para el resto, porque cree que puede hacer lo que quiera para proteger su propia seguridad, pero que nadie más puede hacer lo mismo. El lema subyacente en la civilización occidental es «haced lo que decimos, pero no lo que hacemos», lo cual significa copiad nuestras forma de comerciar, nuestra tecnología y nuestro consumismo para que nosotros nos podamos beneficiar de vuestros mercados. Buscad nuestra protección bajo diferentes tratados militares, pero no aspiréis a ser autosuficientes ni económicamente ni militarmente. Comprad nuestras armas, ¡pero no fabriquéis las vuestras!

> ”
> *Sigue la regla de oro: no les hagas a los demás lo que no te gustaría que te hicieran a ti.*
> SATISH KUMAR

Para Gandhi, cuya visión era desde la perspectiva de un país no occidental, esto no es civilización. La civilización tiene que construirse sobre una base de equidad, respeto mutuo, bien común, justicia, honradez, en una palabra, «no violencia» de pensamiento, palabra y obra.

No existe mejor principio que guíe al movimiento verde que el principio de la no violencia, que solo prescribe que hagas lo que hagas, te asegures de que tu acción no perjudica ni a la tierra ni a la naturaleza ni a ti mismo –psicológicamente, emocionalmente, espiritualmente y físicamente– ni a los demás –económicamente, políticamente o culturalmente–. Sigue la regla de oro: no les hagas a los demás lo que no te gustaría que te hicieran a ti.

Tenemos que ir más allá de la Revolución Francesa, que proclamaba libertad, igualdad y fraternidad. Tenemos que aspirar a seguir la trinidad de tierra, alma y sociedad dentro del amplio contexto de la no violencia tal como lo expuso Mahatma Gandhi. Sin el contexto global de no violencia y sin la holística trinidad formada por tierra, alma y sociedad no tendremos un mundo civilizado.

Si distintas organizaciones, ONG y grupos, así como individuos que trabajan en el campo del desarrollo y el medio ambiente desean encontrar un terreno común en el que trabajar conjuntamente por nuestras diferentes pasiones, actividades, programas y proyectos, entonces la no violencia junto con la trinidad de tierra, alma y sociedad es ese terreno común. Los conceptos y prácticas gandhianos del bienestar de todos en redes autoorganizadas, de base local y dinámicas ofrece un detallado plan de acción y transformación.

Esta transformación, según Mahatma Gandhi, empieza con uno mismo. No le pidas a nadie que se transforme si tú mismo no te has transformado.

Una vez, un político famoso, orador excelente, prolífico escritor y activista ferviente, el doctor Lohiya, le dijo a Gandhi:

–Para decirle la verdad, no es usted un gran orador, ni tiene usted una personalidad carismática, y sin embargo miles y miles de personas le siguen. Cuando usted llama a la acción, acuden grandes multitudes. La gente le escucha. En cambio, hay muchos grandes oradores y famosos políticos con una imagen perfecta y una personalidad atractiva que cuando llaman a la acción solo obtienen la respuesta de unos pocos. ¿Cuál es el secreto de su truco de magia? La gente habla del «toque de Gandhi». ¿En qué consiste?

Gandhi se reclinó un poco hacia atrás. Tras una pausa, dijo:

–¡No lo sé! Lo único que le puedo decir es que jamás le he pedido a nadie que hiciera algo que yo no hubiera hecho antes.

–Tiene su lógica –respondió el doctor Lohiya–. Lo que tiene tanta fuerza, tanto impacto, es su integridad, no sus palabras.

–Doctor Lohiya, tenemos que ser el cambio que queremos ver en el mundo –contestó Gandhi, y el doctor Lohiya sonrió y asintió con la cabeza.

Se cuentan muchas anécdotas de los cambios de Gandhi antes de pedir a los demás que cambiaran. Una vez, una mujer que era una buena amiga suya lo fue a visitar. La acompañó su hijo y ambos se sentaron frente a Gandhi, mientras él hilaba algodón en su rueca, una de las actividades que practicaba todos los días. La mujer atrajo la mirada de Mahatma y él sonrió.

–*Babu*.

A menudo la gente usaba este apelativo, que significa «padre», para dirigirse a Gandhi.

–Tú me dirás: ¿qué es lo que te trae aquí? –le preguntó Gandhi.

–Tengo que pedirte algo. A mi hijo le gusta mucho el azúcar. Se pone azúcar en la leche, en el yogur, en el arroz. No paro de decirle que tanto azúcar no es bueno para los dientes ni para la salud, pero no hay forma de que me escuche. Mi hijo te respeta. Creo que si tú se lo explicas, a lo mejor te escuchará.

Gandhi la miró seriamente y se quedó en silencio. La mujer le miró a él preguntándose si tenía que haberle molestado ¡por aquella insignificancia! Después de una larga pausa, él respondió:

–Perdóname, amiga mía. ¿Te importaría volver dentro de dos semanas? Ven entonces y hablaré con él.

La mujer se quedó sorprendida y a la vez apenada. Gandhi estaba ocupado con grandes temas de la nación. No hubiera tenido que aprovecharse de su amistad con él. Pero puesto que la había invitado a volver al cabo de dos semanas, no podía negarse a la invitación y allí se presentó dos semanas más tarde.

También esta vez Gandhi estaba en su cabaña. Siempre se respetaba un horario; las personas que llegaban sin cita eran recibidas mientras él hilaba.

Gandhi vio a la mujer sentada con su hijo. Habían pasado exactamente dos semanas. Miró al chico y le dijo:

–¿Ves mis dientes? Algunos se me han caído y otros se me van a caer pronto. No querrás tener una dentadura como la mía. Intenta comer fruta dulce, incluso fruta muy dulce, por ejemplo dátiles y uva, pero no comas azúcar puro ni pasteles.

–Gracias, *babu* –dijo la mujer–, pero ¿puedo hacerte una pregunta? Le podías haber dado este consejo a mi hijo cuando vinimos hace quince días. ¿Por qué nos has hecho volver?

Gandhi le contestó:

–En aquel momento yo tomaba un poco de azúcar en las comidas. ¿Cómo querías que le pidiera a tu hijo que no comiera azúcar sin dejar de comerlo yo mismo? Durante estas dos semanas he dejado de tomar azúcar. Ahora tengo la fuerza moral para decirle a tu hijo que deje de comerlo él también.

–Gracias, *babu*, y perdóname por haberte dado tantas molestias.

Gandhi se inclinó hacia delante y le preguntó:

–¿Por qué tienes azúcar en casa? ¿Lo comes tú?

–*Babu*, yo no como azúcar, pero lo tengo para los invitados, sobre todo para que puedan ponérselo en el té. Y además tengo que hacer dulces para los festivales –contestó la madre justificándose.

–Los niños suelen no hacer lo que los padres dicen; normalmente hacen lo que los padres hacen –dijo Gandhi–. ¡Espero que le des ejemplo a tu hijo! –concluyó.

Y hay aún otra historia. Un día Gandhi expresó un deseo a su ayudante personal, Mahadev:

–Quiero aprender sánscrito porque quiero leer la *Bhagavad-gita* en lengua original. Sé que tú estudiaste sánscrito. ¿Me lo enseñarás?

¡Enseñar sánscrito a Gandhi! A Mahadev le pareció una idea abrumadora, pero era rápido de reflejos y le dijo:

–Vinoba es un verdadero erudito en sánscrito y un experto en la *Bhagavad-gita*. ¿Por qué no se lo pides a él, *babu*?

Gandhi se volvió hacia Vinoba, que estaba sentado cerca:

–¿Serías tan amable de dedicarme un poco de tiempo para enseñarme sánscrito a través de la *Bhagavad-gita*? Así se cumplirían los dos deseos de una sola vez.

A Vinoba le pareció excelente tener la oportunidad de enseñarle a Gandhi, pero sabía lo ocupado que este estaba y le dijo:

–¿De dónde vas a sacar el tiempo? ¿Vas a hacer un hueco en tu programa diario para aprender sánscrito y así yo me aseguraré de estar libre a esa hora?

–Exacto. Eso es lo mejor. Hemos de tener un horario fijo para la clase. ¿Qué te parece después de la oración de la noche y antes de acostarnos?

Vinoba estuvo de acuerdo con la propuesta. Sabía que Mahatma era muy puntual y disciplinado en sus oraciones de la mañana y de la noche. Por muy ocupado que estuviese, había dos cosas que Gandhi nunca dejaba de hacer: hilar y rezar.

Las clases empezaron en el horario acordado y se desarrollaron con puntual regularidad. Terminaron el primer capítulo de la *Gita*, que es fácil. Consta solo de cuarenta y siete versos que narran la escena del diálogo entre Krishna y Arjuna, el guerrero. También empezó bien el segundo capítulo y todo fue como una seda hasta el verso número cincuenta y seis, cuando Arjuna le pregunta a Krishna: «Me enseñas a ser sabio y firme, a ser ecuánime. Por favor, Krishna, ¿cuál es la definición de sabiduría? ¿Cómo debe hablar, sentarse, andar y ser una persona sabia?». Krishna le contesta: «Cuando una persona deja atrás todos los deseos y apegos y cuando está contenta y satisfecha consigo misma y cuando su felicidad no depende de nadie, entonces esa persona posee una sólida sabiduría».

Para Gandhi ese era un verso muy profundo. La lección terminó. Gandhi se fue a la cama haciéndose la siguiente pregunta: «¿Cómo puedo liberarme de todos los deseos y apegos? ¿Cómo puedo ser feliz conmigo mismo? Tengo que hacer todo lo posible para ser un hombre con una sólida sabiduría».

Al día siguiente, Vinoba llegó puntual como siempre a la clase.

–Esta noche no vamos a tener la clase –dijo Gandhi.

Al día siguiente, lo mismo. Y así durante muchos días. Al final, Gandhi dijo:

–Volvamos a empezar las clases, ya estoy preparado.

Vinoba estaba desconcertado. Le dijo a Gandhi:

–Tenemos que ser constantes; la práctica regular es fundamental para aprender sánscrito y la *Gita*.

–Vinoba, no es que haya dejado de aprender sánscrito y la *Gita*, ni que haya abandonado las clases por pereza o trabajo –contestó Gandhi–. El verso número cincuenta y seis del segundo capítulo nos dice que tenemos que liberarnos de nuestros apegos y deseos y estar contentos en nuestro interior. He intentado poner en práctica esas enseñanzas de Krishna en mi vida. Durante el mes pasado lo he logrado en parte. Ahora podemos seguir adelante. Deseo aprender la *Gita* no solo para conocerla con el intelecto, sino para vivir sus enseñanzas.

Mi última anécdota sobre Gandhi haciendo lo posible para personificar el cambio fue cuando Jawaharval Nehru le invitó a su palacio en la ciudad de Allahabad.

Nehru llegó a ser primer ministro de la India. En la década de 1940, mientras Gandhi lideraba el Partido del Congreso durante la lucha por la independencia,

Nehru fue su mano derecha. Se veían muy a menudo. Con frecuencia encarcelados, fueron los campeones de la lucha.

Tras una larga noche de debate, Gandhi se fue a la cama satisfecho porque había conseguido que Nehru le diese todo su apoyo en lo referente al principio de no violencia, que debía ser el medio para llevar adelante el movimiento para la liberación de la India. A pesar de que la mansión de Nehru contaba con todas las comodidades aristocráticas, no tenía agua corriente. Por esta razón, a la mañana siguiente, el propio Nehru llevó una jarra llena de agua y una palangana a Gandhi. Nehru sostenía una toalla en su brazo izquierdo y con la mano derecha llenaba la palangana de agua mientras Gandhi se lavaba la cara y se cepillaba los dientes. Nehru sabía que el plan de Gandhi era marcharse aquella misma mañana y por lo tanto no había tiempo que perder. Así pues, mientras echaba agua en la palangana le dijo a su invitado:

–*Babu*, ¿cómo vamos a convencer a la mayoría de indios para que sigan el camino de la no violencia?

–Nuestro ejemplo será el mejor ejemplo para convencerlos.

–Lo siento, *babu* –dijo Nehru de repente con aire inquieto–, ¿puedes esperar un minuto mientras voy a por un poco más de agua?

Gandhi se mostró preocupado.

–¿He acabado con toda el agua? –preguntó–. Debería haberme concentrado en asearme, en lugar de hablar de todos esos grandes temas. Tendría que haber terminado mi aseo con una sola jarra de agua.

Nehru no podía dar crédito a lo que oía. Era incapaz de entender lo que Gandhi quería decir.

–*Babu*, no te preocupes por esto. Sé que naciste en el Gujarat, una tierra seca y desértica, donde escasea el agua. Pero aquí el agua es abundante. Dos ríos confluyen en nuestra ciudad de Allahabad, y hasta tenemos un tercer río, un río mítico, que mantiene alto el nivel de nuestros pozos. Permíteme pues que te traiga otra jarra de agua. ¡Tardaré solo un minuto!

–Nehruji, por muchos ríos que atraviesen tu ciudad, no tengo ningún derecho a despilfarrar el agua. Me corresponde una jarra de agua al día.

Nehru vio lágrimas en los ojos de Gandhi, lo cual le sorprendió, pero no tardó en darse cuenta de que era un hombre con una gran capacidad de moderación y comedimiento. Gandhi, haciendo una excepción, permitió que Nehru le trajese media jarra de agua para terminar de lavarse:

–Ya sé que pensarás que soy un tiquismiquis, pero creo que en el mundo hay lo suficiente para todos, pero no para la codicia de todos, por no hablar del despilfarro de la gente. Y el agua es un bien especialmente precioso, el agua es la vida misma. Que haya en abundancia no nos da derecho a despilfarrarla. Estábamos hablando de la no violencia: para mí el despilfarro es violencia.

Estas historias nos dan muestras evidentes de que, para Gandhi, la no violencia era una forma de vida y no una simple táctica en la lucha por la libertad.

LOS «SIETE ERRORES»

Riqueza sin trabajo
Placer sin conciencia
Conocimiento sin carácter
Comercio sin moralidad
Ciencia sin humanidad
Rito sin sacrificio
Política sin principios.

MAHATMA GANDHI

4

VERDADES DE TAGORE

VERDADES DE TAGORE

Rabindranath Tagore fue contemporáneo de Gandhi. Si Gandhi se dedicó a la poesía a través de la política, Tagore se dedicó a la política a través de la poesía. Entré en contacto con los textos de Tagore cuando vivía en una comunidad gandhiana en Varanasi (Benarés). Mi dormitorio estaba justo enfrente del de mi colega y amigo bengalí Shishir, que era admirador, seguidor y devoto de la poesía y la música de Tagore.

Shishir se pasaba el día citando a Tagore, me lo traducía al hindi y ponía su música en el gramófono. Todo esto atrajo mi imaginación y por eso me fui a una librería y compré tres libros de Tagore: *Gitanjali*, por el que ganó el Premio Nobel, una novela, *Gora*, y una obra de teatro, *Dakghar*, traducida al hindi.

Hasta entonces solo había oído hablar de Tagore, y había leído una poesía por aquí y una canción por allá, aunque sí conocía la canción *Okla Cholo Re* («Camina solo, aunque nadie te siga ni te escuche, no te rindas, sigue, camina, fluye»). Solíamos cantarla todas las mañanas y todas las noches porque en la canción resonaban los sentimientos de Gandhi, que a menudo decía que, aunque nos encontremos en una minoría de uno, la verdad es la verdad y tenemos que defender nuestras convicciones. Y, naturalmente, en la India, todo el mundo, incluido yo mismo, se sabía el himno nacional de memoria, una canción compuesta por Tagore en la que alababa los diversos y magníficos paisajes del subcontinente indio.

Sabía, pues, de la talla e importancia de Tagore, pero lo conocía solo superficialmente ya que escribía en bengalí, una lengua que yo desconocía y por lo tanto no me resultaba fácil el acceso a su obra en lengua original. Gracias a Shishir, me vi obligado a prestar mayor atención a Tagore.

Una vez que lo hube hecho, descubrí que era tanto un poeta del espíritu como un poeta cautivado por los misterios y la belleza de la naturaleza, en la tradición de los poetas místicos Rumi y Kabir. Pero Tagore no solo habitaba en la divinidad de las flores, los ríos y las estaciones. Era un poeta activista a la vez que un poeta de la naturaleza.

Para mí era un activista de la Tierra, un activista espiritual y un activista social. Su poesía y sus obras dramáticas, sus canciones y sus historias, sus charlas y sus enseñanzas, su imaginación y su creatividad estaban sustentadas por una visión de servicio a la Tierra, de elevación del espíritu y de transformación de la sociedad. Tagore celebraba la belleza, la integridad y la generosidad de la vida en la Tierra manifestada en una miríada de formas.

La canción en la que elogia su tierra natal, Bengala, se convirtió después en el himno nacional de Bangladesh.

Su obra está impregnada de un amor incondicional e ilimitado por su tierra, pero ese amor se expresa en su forma más clara en uno de sus poemas más largos,

> “
> *Me he convertido en mi propia versión de un optimista.*
> *Si no puedo entrar por una puerta, busco otra*
> *o construyo una. Algo magnífico ocurrirá por muy oscuro*
> *que sea el presente.*
>
> SATISH KUMAR

«Tierra». Puede decirse que este poema anticipa el actual movimiento de la ecología profunda y la sostenibilidad.

En «Tierra» Tagore utiliza la fuerza del lenguaje y la imaginación con su máximo efecto. Canta con gozo el misterio y la magia de las montañas, las praderas, las granjas, los bosques, los desiertos, los mares, los ríos, los animales, las estaciones y los espíritus.

En aquella época, cuando el mundo tenía la mala costumbre de valorar la Tierra solo por su utilidad para los humanos, Tagore insistió en el valor intrínseco de la Tierra por sí misma. Es la vida humana la que depende completamente de los regalos de la Tierra, no al revés. Por consiguiente, Tagore pedía a la gente que se liberara de la arrogancia y viviera con humildad y armonía con el planeta. El poeta, totalmente rendido a la Madre Tierra, se describió a sí mismo como un niño que se refugiaba en su regazo:

Madre, te ruego que me acojas
entre tus brazos con firmeza.
Hazme tuyo, que pertenezca a tu pecho:
esa secreta fuente de donde surge la fuente
de tu gran vitalidad y encantos varios.
Llévame allí. No me alejes.

¿Dónde está «allí»? «Allí» no significa otro mundo o el cielo. Cuando Tagore se imagina a sí mismo en el cielo, llega a la conclusión de que su amada Tierra es el mejor lugar donde puede estar.

Y dioses, diosas, hoy debo decir
adiós al cielo. Por suerte he pasado
muchos milenios en el reino de los dioses
como uno de los inmortales, y esperé ver
en esta hora del adiós un indicio de lágrimas
en los ojos del cielo. Pero falto de corazón, sin ninguna tristeza,
indiferente, esta feliz tierra celestial
solo mira hacia delante.

Sigue riendo, cielo, Dioses, seguid bebiendo vuestro néctar.
Sin duda el cielo es vuestro lugar de dicha,
Allí donde nosotros somos extranjeros. La Tierra... la Tierra no es el cielo,
pero es una patria; por eso sus ojos
vierten lágrimas si, tras algunos días,
alguien la abandona aunque sea por pocas horas.
Los humildes, los dóciles, los más incompetentes,
los pecadores y los enfermos, a todos los acogerá
entre sus fuertes brazos, y los apretará contra su tierno pecho,
porque este es el placer que una madre obtiene al abrazar
el cuerpo polvoriento de sus hijos. Que el néctar, pues,
fluya por el cielo, y que en la tierra corra el amor, mezclado
por siempre con el dolor y el placer, y que así los pedazos de cielo
en la tierra permanezcan siempre verdes con las lágrimas.

Tagore, al no buscar el cielo, también rechazaba la idea de buscar a Dios separado de la Tierra. Para él, la divinidad, la liberación y la salvación tenían que encontrarse en el mundo, en el aquí y el ahora. Dios y la espiritualidad están en la vida de cada día. No hay ninguna necesidad de renunciar al mundo para encontrar a Dios. No se trata de renunciar al mundo sino de abrazarlo si queremos descubrir a Dios en nuestro interior, a Dios entre las personas y a Dios a nuestro alrededor. Queda claro en su poesía «Renuncia»:

Dijo un hombre harto del mundo en medio de la noche:
«Me voy de casa esta noche para ir en busca del Dios al que adoro,
¿Quién me liga a esta casa?»
«Yo», dijo Dios, pero el hombre no lo oyó.
Abrazando a su hijo dormido contra su pecho,
su esposa yacía felizmente dormida a un lado de la cama.
«¿Quiénes sois vosotras, máscaras de Maya?», preguntó el hombre.
«Todas ellas son yo», dijo Dios, pero nadie lo oyó.
«Señor, ¿dónde estáis?», dijo el hombre abandonando la cama.
«Aquí», fue la respuesta, pero el hombre seguía sin oírlo.
El niño lloró en sueños y se apretó a su madre.
«Vuelve», dijo Dios, pero el hombre no oyó la orden.
Finalmente Dios suspiró: «¡Ay!», exclamó,
«¿a dónde va mi devoto abandonándome?»

Para Tagore no hay que buscar la divinidad en otros mundos, ni se la va a encontrar en templos extravagantes y con grandes decoraciones, ni tampoco en logros del ego en su persecución de riqueza, poder, consumismo y materialismo, sino en una forma de ser sencilla, elegante y natural. Lo ordinario es lo más extraordinario y la docilidad lo más maravilloso. Cuando perdemos lo simple y lo ordinario es cuando nos damos cuenta del valor que tienen. Dice Tagore:

Con un bastón bajo el brazo y un fardo en la cabeza,
al atardecer vuelve el hombre a casa andando junto al río.
Si cien siglos después –por arte de magia–,
desde el reino de la muerte del pasado
este campesino pudiera resucitar, convertido de nuevo en carne,
con su bastón bajo el brazo y la sorpresa pintada en sus ojos,
las multitudes le asediarían por todas partes,
y todos le arrebatarían toda palabra que profiriera sus labios,
sus alegrías y sus tristezas, sus apegos y amores,
sus vecinos, su propia casa,
sus campos, su ganado, sus métodos de cultivo:
todo se lo llevaría su codicia y ni con eso les bastaría.
La historia de su vida, hoy tan ordinaria,
Parecería, en esos días, cargada de poesía.

Desde luego, pase lo que pase en el futuro, los sistemas sociales de hoy explotan y discriminan, perpetuando así la pobreza y las privaciones. Tagore, cuando observa la difícil situación humana, añade a su activismo por la Tierra su activismo social. En su libro de poesías, *Gitanjali*, alzó su poderosa voz sin ambages:

Desventurado país mío, esos a los que has ofendido,
a esos debes compensarlos compartiendo la misma ofensa.
Esos a los que has negado los derechos humanos,
a los que has permitido estar ante ti, pero a los que nunca has invitado a entrar,
a todos esos debes resarcirlos compartiendo la misma ofensa.

Durante cien siglos han llovido indignidades sobre tu cabeza,
y sigues negándote a reconocer la innata divinidad del hombre.
Pero ¿es que al bajar la mirada no ves
que el Dios de los oprimidos, de los marginados, está ahí en el polvo con ellos?
Deberías igualarte a todos ellos compartiendo la misma ofensa.

Tagore fue un poeta del pueblo y especialmente a los pobres los llevó siempre en su corazón. La gestión del patrimonio familiar le obligó a enfrentarse a complicadas y difíciles situaciones con campesinos, trabajadores y obreros pobres. Sus ideales de justicia e igualdad le llevaron a crear un banco rural que daba microcréditos a los trabajadores de su hacienda.

Su doble condición de poeta y propietario era una insólita combinación, pero el padre de Tagore confiaba en su hijo poeta y consideró que era el miembro de la familia más preparado para hacerse cargo de la propiedad. Tagore asumió seriamente esta responsabilidad y la utilizó para mejorar las condiciones de los campesinos y de la agricultura. El propio Tagore se dedicó a trabajar la tierra para mostrar su respeto a los agricultores. El padre de Tagore hizo que su hijo estudiase agricultura y llegó a colaborar con un agrónomo inglés, Leonard Elmhirst. Juntos crearon el Instituto para la Reconstrucción Rural y lo bautizaron con el nombre de Sriniketan, o Casa de la Gracia. Tagore creía que trabajar la tierra era una actividad digna, satisfactoria y llena de sentido.

Los más de veinte años que duró la colaboración entre el poeta y el agrónomo fueron de una insólita y profunda colaboración. Su regular intercambio de correspondencia, que consta de más de cien cartas, es una vívida descripción del activismo social de Tagore y de su compromiso para mejorar la situación de los pobres. En las cartas se pone de manifiesto la agonía que significaban para Tagore las difíciles condiciones en las que vivía la sociedad rural. Igual que Mahatma Gandhi, Tagore creía que la India necesitaba algo más que independizarse del Imperio británico, su país necesitaba acabar con la discriminación de las castas y la injusticia social; y además necesitaba llevar a cabo una revolución agraria.

«En la república de Platón no había lugar para los poetas –escribió Tagore a Elmhirst en una carta fechada el 31 de marzo de 1922–, pero me gustaría ofrecerme para ser el poeta laureado del pueblo indio.» Y seguía: «La cultura de la imaginación no es para nada superflua en lo que concierne a la agricultura». Tagore suspiraba por el contacto con lo que él llamaba «Madre Tierra». No solo establecía una conexión entre la imaginación y la agricultura, sino que también conectaba la paz con la agricultura. En la misma carta decía así: «La paz real viene de la riqueza que es vivir, que tiene la bendición del toque directo de la naturaleza, que no está hecha por máquinas busquémosla humildemente, agachándonos hacia en el suelo, conectando con las fuerzas de la vida, que son bellas y generosas».

Tagore era crítico con la gente de las ciudades que miraban por encima del hombro a la población rural. El 10 de diciembre de 1923, le escribió a Elmhirst llamándole «el famoso campeón del pueblo», y añadió: «Si la ciudad, orgullosa de su cartera llena, viene al pueblo para extorsionarlo, ¿debe el pueblo a su vez bajar la cabeza ante la puerta del rico que le atormenta por un miserable puñado de favor? Tendría que poder exclamar un "no" rotundo y volver sin perder tiempo al seno de *bhoomi lakshmi*». *Bhoomi lakshmi* significa «la próspera diosa de la Tierra»; el uso de esta expresión da cuenta de su profundo respeto por la tierra. El compromiso de Tagore con la vida rural no solo tenía que ver con el desarrollo material, sino también con el desarrollo espiritual, la imaginación, las relaciones interpersonales sanas y la cohesión de las comunidades humanas.

> *Me dormí y soñé que la vida era gozo. Me desperté y vi que la vida era servicio. Actué y, milagro, el servicio era gozo.*
>
> SATISH KUMAR

El 26 de junio de 1924, Tagore le escribió a Elmhirst: «Sriniketan no solo debería tener forma, sino también luz; así trascendería sus inmediatos límites de tiempo, espacio y especial objetivo». El desarrollo económico tenía que «iluminar el camino del peregrinaje y no solo llenar el almacén de los beneficios», y además «nuestro objetivo es un faro que ilumine, no un lingote de oro [...]. Tenemos que evitar hacer el tipo de acciones positivas que hayan sido recetadas por hombres inteligentes e instruidos, con conocimientos técnicos y especializados. ¡Demos rienda suelta a toda nuestra imaginación y creemos un mundo nuevo!».

Los ideales de Tagore para el desarrollo rural iban más allá de la tecnología y la ciencia y, sobre todo, más allá de copiar los modelos occidentales de crecimiento económico. El 21 de octubre de 1926, escribió a Elmhirst: «Europa ha conquistado el mundo y ha llegado el momento de que se conquiste a sí misma». Lo que pretendía decir era que Europa no se tenía que limitar a buscar la eficiencia sino que también tenía que trabajar con la fuerza viva de la naturaleza y, en consecuencia, Sriniketan debía ser un «centro de la vida y no solamente una escuela o una universidad».

Tagore amaba la ciencia. Escribió un libro titulado *Nuestro universo* en el que ofrece una visión científica del mundo. Estaba en contacto con científicos como Werner Heisenberg y Albert Einstein, aunque le recordó a Elmhirst que «Europa se sirve de la ciencia no como complementaria de la religión, sino como su sustituta. La ciencia es magnífica, pero solo nos aporta conocimiento, poder, eficiencia, y ningún ideal de unidad, ninguna aspiración por lo perfecto –es no humana, impersonal y, por lo tanto, es como todo lo que es inorgánico, útil en muchos sentidos, pero inútil como alimento vital–. Si permitimos que la ciencia amplíe su reino en el mundo de los seres humanos, la carne viva de los hombres se marchitará y el esqueleto reinará en medio de su riqueza muerta». Está claro que según el punto de vista de Tagore, la ciencia sin espiritualidad o sin humanidad ¡es peligrosa!

Tagore fue un poeta del pueblo; cantan sus canciones bengalíes de todas las castas, religiones u orígenes. Sus canciones son para la Tierra, para el espíritu y para la humanidad, aunque también son, a menudo, implícita o explícitamente, canciones de niños o para los niños. Él utilizaba la fuerza de la poesía para cambiar el mundo. Uno de sus principales logros fue la creación de lo que él denominó Escuela de Poetas en Shantiniketan, la Casa de la Paz. «La fundación de mi escuela nació del deseo de libertad», escribió Tagore. «Pero ¿qué es la libertad?». En palabras de Tagore, «la libertad perfecta consiste en la armonía perfecta de la relación que establezcamos en este mundo, pero no a través de nuestra respuesta a ella en el *saber*, sino en el *ser*». Ese ser al que se refiere solo se puede experimentar y conocer si nos consagramos a la naturaleza. Tagore escribió: «Los niños encontrarán su libertad en la naturaleza si son capaces de amarla. Porque el amor es libertad: no da esa plenitud de la existencia que nos salva de pagar con nuestra alma objetos que son inmensamente baratos, el amor ilumina este mundo con su significado y hace sentir que la vida es en todas partes suficiente, lo cual es su verdadero tesoro».

El objetivo de la escuela no eran solamente los conocimientos, sino la búsqueda de la sabiduría que surge cuando los niños experimentan la naturaleza. Por esto Tagore insistía en dar las clases bajo los árboles. Cuentan que solía decirles a sus alumnos que tenían dos maestros: «Yo soy vuestro maestro humano, pero estos árboles también son vuestros maestros; aprended la lección de ser de estos árboles». En su ensayo *La escuela de un poeta*, Tagore escribió: «Unos cuantos cocoteros, que crecían junto al muro de nuestra casa, me hablaban del eterno compañerismo que la mayor fraternidad de árboles haya ofrecido jamás al hombre. Mi corazón se llenaba de melancolía con la invitación del bosque». Y Tagore escribía más adelante: «Buscad la libertad no en el mundo hecho por el hombre, sino en la profundidad del universo, y ofreced respeto a la divinidad inherente al fuego, al agua y a los árboles, a todo lo que se mueve y crece. Mi colegio nace en el recuerdo de ese deseo de libertad».

Este respeto por la divinidad del universo y por «la fraternidad de los árboles» era tan querido por Tagore que abominaba completamente de la idea que la ciencia moderna tenía sobre la naturaleza salvaje. Dijo: «A menudo en la literatura occidental vemos que se pone de relieve el aspecto maligno de la naturaleza, en el que los occidentales parecen recrearse para descubrir a un enemigo por el puro placer de desafiarla a luchar».

El colegio de Tagore daba a sus alumnos la oportunidad de adquirir conocimientos, pero él creía que «el amor y la acción son los únicos medios a través de los que se puede obtener el perfecto conocimiento, puesto que el objeto del conocimiento no es la pedantería, sino la sabiduría».

A Tagore no le interesaba que sus alumnos estudiaran solo para aprobar los exámenes o para tener conocimientos académicos; Shantiniketan era un experimento que consistía en una aproximación holística al aprendizaje: «He intentado por todos los medios desarrollar en los niños de mi escuela la frescura de su sentimiento hacia la naturaleza, una sensibilidad del alma en su relación con el entorno humano, con la ayuda de la literatura, las ceremonias festivas y también las enseñanzas religiosas, que nos obligan a acercarnos al mundo a través del alma y a dominarlo más de lo que puede medirse, como se domina un instrumento, no solo por tenerlo, sino por crear música con él. Preparaba para mis alumnos una verdadera fiesta de bienvenida a este mundo. Entre otras materias que aprendíamos al aire libre bajo la sombra de los árboles estaban la música y la pintura; interpretaban obras de teatro, actividades que eran la expresión de la vida».

> “
> *Quien quiere hacer el bien llama a la puerta; quien ama encuentra la puerta abierta.*
>
> SATISH KUMAR

Tagore buscaba una educación que tuviera en cuenta la «totalidad orgánica de la individualidad humana». Explicaba que «la educación es una parte permanente de la vida, no es como un tratamiento hospitalario doloroso para curarlos de la enfermedad congénita de su ignorancia, sino una función de la salud, la expresión natural de la vitalidad de su mente».

En la escuela se trabajaba estrechamente con la naturaleza y se desarrollaba la sensibilidad del alma a través del trabajo constructivo. Tagore escribió que los alumnos de su escuela «disfrutaban de lo lindo cocinando, tejiendo, cuidando el huerto, mejorando el entorno, prestando servicios a otros chicos, muchas veces en secreto, para que no se sintieran incómodos».

El activismo educativo de Tagore y el ejemplo de su escuela en Shantiniketan fue lo que animó a Leonard Elmhirst a fundar la escuela Dartington Hall en Inglaterra en la década de 1930, y yo mismo, en la de 1980, y gracias a ese mismo estímulo, fundé The Small School, en Hartland, Devon, en la que rendimos homenaje por igual a las dimensiones académica, física, ecológica y espiritual. Si a los niños, desde pequeños, se les da a probar la libertad espiritual y física, de mayores serán capaces de construir un mundo de libertad para ellos, así como para los demás. El activismo ecológico, social y educativo de Tagore es el faro que ilumina nuestro peregrinaje.

Tagore creía en el poder transformador de la poesía y el arte. Trascendió el arte por el arte o el arte como expresión personal, incluso trascendió el arte como entretenimiento. La idea de Tagore era que el arte debía servir para la transformación de la conciencia, para la iluminación del alma y, por encima de todo, para cambiar el mundo. Este modo de pensar es la orientación editorial de la revista *Resurgence*, que ahora se ha unido a otra, *Ecologist*. Siguiendo los pasos de Tagore, combino en ella poesía y política, ecología y economía, y el arte impregna sus páginas mediante bellas imágenes que acompañan los artículos sobre energías renovables, agricultura, permacultura, ciencia, justicia social, filosofía y religión; dicho en otras palabras, tierra, alma y sociedad.

EL JARDINERO

¿Por qué se apagó la lámpara?
La protegí del viento con mi manto;
por eso la lámpara se apagó.
¿Por qué se marchitó la flor?
La estreché, inquieto y amoroso, contra mi corazón;
por eso se marchitó la flor.
¿Por qué se secó el río?
Construí un dique para que el agua solo me sirviera a mí;
por eso el río se secó.
¿Por qué se rompió la cuerda del arpa?
Quise sacarle una nota demasiado alta;
por eso la cuerda del arpa se rompió.

RABINDRANATH TAGORE

Y la dicha está en todas partes; está en la capa de hierba verde que cubre la tierra;
en la azul serenidad del cielo; en la temeraria exuberancia de la primavera en la vida;
en el ejercicio de todas nuestras capacidades; en la adquisición de conocimiento;
en la lucha contra el mal; en el deseo de ganancias que nunca podremos compartir,
la dicha está en todas partes [...], la dicha es la comprensión de la verdad de la unidad,
la unidad de nuestra alma con el mundo y del mundo-alma con el Amor Supremo.

RABINDRANATH TAGORE

CAMINA SOLO, CAMINA SOLO

Si nadie acude a tu llamada, camina solo.
Camina solo, camina solo, camina solo.
Si nadie acude a tu llamada, camina solo.
Si nadie habla, desafortunado de ti,
si nadie habla,
si todos se dan media vuelta,
si todos tienen miedo,
si todos se dan media vuelta,
si todos tienen miedo
abre tu corazón,
encuentra palabras para tus pensamientos
y habla solo.
Si nadie acude a tu llamada, camina solo.
Si todos, cuando el camino se hace difícil,
pierden la voluntad para seguir,
si todos, cuando el camino se hace difícil,
pierden la voluntad para seguir,
ensangrienta tus pies con las espinas del camino
y sigue solo.
Ensangrienta tus pies con las espinas del camino
y sigue solo.
Si nadie te ilumina, desafortunado de ti,

si nadie te ilumina
si en la tormenta y la lluvia y en la noche oscura
te cierran todas las puertas,
si en la tormenta y la lluvia y en la noche oscura
te cierran todas las puertas,
prende fuego a tus costillas con el rayo
y arde solo.
Prende fuego a tus costillas con el rayo
y arde solo.
Si nadie acude a tu llamada, camina solo.
Camina solo, camina solo, camina solo.
Si nadie acude a tu llamada, camina solo.

RABINDRANATH TAGORE

5

CABEZA, CORAZÓN Y MANOS

CABEZA, CORAZÓN Y MANOS

Uno de los mayores estímulos que recibí de Tagore fue su visión holística de la educación, en la que incluye los valores universales. En el capítulo anterior he tocado el tema por encima. En este capítulo me adentraré en él y lo explicaré mejor.

Hace algunos años tuve el honor de ser invitado a la LSE (London School of Economics) para dar una conferencia. Me dio la bienvenida uno de los profesores de la institución. Durante la conversación le pregunté:

–¿Tienen ustedes un departamento en el que se enseñe ecología?

–Impartimos estudios sobre medio ambiente, concretamente sobre empresas y sostenibilidad, pero no tenemos un departamento de ecología propiamente dicho –contestó el profesor.

–No dudo de que usted sabe que economía significa gestión del hogar y ecología significa conocimiento del hogar. ¿Cómo es posible gestionar algo que desconocemos? –le pregunté. Y en broma le dije–: La LSE manda a miles de graduados a todo el mundo para gestionar algo que no conocen. ¡Pues claro que la economía mundial es un desastre!

–Pero nuestra universidad se creó para el estudio de la economía y la ciencia política. La ecología es una disciplina muy nueva que tiene que ver con el estudio de las especies no humanas mientras que nuestra universidad está especializada en las instituciones humanas –explicó el profesor.

–En este caso, tal vez debería pensar en cambiar el nombre de su universidad; quizás podría llamarla LSEE: London School of Ecology and Economics.

El profesor parecía divertirse. Se nos terminaba el tiempo. Alumnos y ponentes se habían reunido en el Hong Kong Hall para oír mi conferencia. Decidí que le explicaría al público que se tendría que cambiar el nombre de LSE por el de LSEE, puesto que en mi opinión la economía depende completamente de la ecología.

La palabra griega *oìkoς* (pronunciada «ekos») significa «hogar». Según el saber de los filósofos griegos, el hogar es donde uno vive y donde establece relaciones. En casa nos relacionamos con nuestros padres, esposa, hijos, etcétera, pero nuestro hogar y nuestras relaciones no se limitan al lugar en el que dormimos, comemos y cuidamos de nuestra familia.

Según la filosofía griega, la idea de hogar es mucho más amplia. Nuestro vecindario también es nuestro hogar. Y también lo es nuestra ciudad, nuestra nación, nuestro continente y todo el planeta. Todas las especies de nuestro planeta están relacionadas. Estamos hechos los unos de los otros y hemos evolucionado juntos. El conocimiento de estas relaciones, el saber que todos estamos interconectados y somos interdependientes es ecología.

Lamentablemente la mayoría de universidades han restringido el significado de la palabra «ecología» al estudio de una especie en particular. Sin embargo, el estudio de una especie en particular es solo una ventana a todo el planeta Tierra y al conocimiento de nuestra total interdependencia.

Hoy en día, la economía también se limita al estudio de los modelos de finanzas, negocios, transacciones, comercio, fabricación y consumo. En los estudios clásicos y tradicionales se les enseñaba a los alumnos tres principios fundamentales de la economía: tierra, trabajo y capital.

La tierra, como factor principal de la economía, ocupaba el primer lugar. La tierra representaba todos los sistemas y recursos naturales. Los bosques, los ríos, las piedras, los minerales y los animales formaban parte de la gestión de la tierra y nuestra relación con ellos. Se enseñaba a los alumnos a utilizar con economía los recursos naturales y a cuidar la tierra y todos los regalos con los que nos obsequia.

Pero según la economía moderna, la tierra se ha convertido en una simple mercancía, un simple medio de obtener beneficios. El principal objetivo de la agricultura ya no es producir alimentos para alimentar a las personas. La agricultura se ha convertido en agroindustria. Tenemos explotaciones agrícolas y ganaderas industriales; tenemos monocultivos; tenemos semillas modificadas mediante ingeniería genética. Los precios de los productos alimentarios están determinados por las fuerzas del mercado. Quemamos cosechas para mantener su valor de mercado. Esto no es agricultura ni es cuidar la tierra.

El segundo principio de la economía clásica era el trabajo, que significa gente. A los alumnos se les enseñaba a valorar la importancia de las capacidades de las personas, su ingenio, su creatividad y su participación en una economía sana. Se instruía a los jóvenes en los diferentes oficios, en los que adquirían una profunda experiencia durante el aprendizaje. Los trabajadores se sentían orgullosos de ser miembros de la clase trabajadora, y los grandes negocios, por ejemplo Cadbury y Rowntree, garantizaban a todos sus empleados, trabajadores y personal en general buenas viviendas, buena atención sanitaria y buenas escuelas para sus hijos.

Pero actualmente los trabajadores son meros instrumentos para obtener beneficios en los negocios, y cuando dejan de ser útiles para este objetivo, son relegados o despedidos.

Desde luego, el tercer principio de la economía, el capital, tiene su importancia, pero ocupa el tercer lugar. Quiere ello decir que el capital sí ocupa un lugar, pero que debe permanecer en él y no se debe permitir que domine todo el sistema económico.

En la mayoría de universidades del mundo dominan las facultades de estudios empresariales. Se da poca importancia al estudio de la tierra, la naturaleza y el entorno, y aún menos al de su financiación y se considera que es un objetivo idealista y poco realista.

La verdad es que la economía es una propiedad subsidiaria de la ecología. La razón por la que sufrimos una crisis económica es que tenemos una crisis ecológica. Nos hemos excedido en el consumo de nuestros recursos naturales. Hemos llenado la atmósfera de tanto dióxido de carbono y otros gases invernadero que ahora la estabilidad del clima se ve seriamente amenazada. Los mares están llenos de plásticos y hemos pescado demasiados peces. Nuestra civilización se basa en tres palabras: derrochar, derrochar y derrochar. La deuda económica, el desempleo y la pobreza están relacionados con la mala gestión del medio ambiente. Si volviéramos a un estado de armonía entre la ecología y la economía y a esa combinación le añadiéramos ética e igualdad, tendríamos más oportunidades de construir un futuro estable, fuerte y sostenible para la humanidad y para el planeta Tierra.

Cambiando el nombre de LSE por el de LSEE, la universidad estaría manifestando que adopta una visión del mundo más amplia que la estrecha visión ceñida a la gestión económica y la administración empresarial.

La mayoría de las universidades parece que tengan un único objetivo: que su alumnado supere los exámenes para encontrar luego un buen trabajo. Ya no se educa sobre la vida, sobre las habilidades prácticas, sobre el desarrollo de la imaginación y la creatividad, se educa para ganar dinero. Hemos llevado el objetivo de la educación a un nivel muy bajo.

El significado de la palabra «educación» es sacar lo que ya está allí, el potencial de cada estudiante. Todas las almas llevan incorporada su propia inteligencia. El conocimiento y la sabiduría son intrínsecos al alma. Por ejemplo, todas y cada una de las semillas llevan incorporado el árbol que serán. El guardabosque no necesita poner un árbol en la semilla. Su trabajo consiste en alimentar la semilla y ayudarla para que de ella surja el árbol. De forma parecida, el trabajo de un profesor no es ver al alumno como un recipiente vacío que debe ser llenado con información. Un profesor debe observar al estudiante, descubrir su potencial y ayudarlo para que ese potencial dormido despierte y emerja.

No se puede estudiar ecología o la naturaleza leyendo libros, mirando películas o navegando por internet. Para entender la naturaleza, en lugar de aprender *sobre* ella, tenemos que experimentarla, tenemos que estar en medio de ella, aprender de ella. Cuando aprendemos sobre la naturaleza, esta pasa a ser un objeto de estudio. Una gran parte de la investigación científica ha sido aprender sobre la naturaleza con la finalidad de explotarla. El científico Francis Bacon estudió la naturaleza robándole sus secretos para que los humanos pudieran controlar la naturaleza y usarla en su propio beneficio; sin embargo, cuando nos proponemos aprender de la naturaleza, desarrollamos un sentido de respeto hacia ella. Entonces la naturaleza deja de ser un objeto.

Para desarrollar este tipo de relación con la naturaleza, hay que salir al exterior, dar la clase al aire libre y abrir nuestro corazón y nuestra mente al misterio, la magia y la majestad del mundo natural. El actual sistema educativo se lleva a cabo mayoritariamente entre las paredes de modernos edificios donde las clases se imparten con luz artificial y aire acondicionado. Me gustaría proponer que las universidades y las escuelas se construyeran en medio de campos y bosques, en lugar de levantarse en las congestionadas calles de las metrópolis urbanas. Las universidades y las escuelas tendrían que estar rodeadas de árboles, estanques y animales. Su alumnado tendría que tener la oportunidad de pasear, pensar, gozar de la naturaleza y honrarla. Alumnos y profesores, aparte de los estudios académicos y teóricos, deberían tener la oportunidad, si les gustase, de cultivar huertos de los que obtener alimentos y flores, y de cuidar frutales y bosques. Esta es la forma de liberarse del trastorno de déficit de naturaleza.

Existe un movimiento cada vez más grande partidario de aprender del paisaje en «escuelas en el bosque», en las que a los niños se les ofrece el tiempo y la posibilidad de estar en medio de la naturaleza y jugar entre los árboles. Pero este tipo de colegios acogen en su mayoría a niños menores de once años. A veces y excepcionalmente, algunas escuelas para niños mayores de esa edad llevan a cabo algunas actividades al aire libre. Nuestros niños conocen los nombres de marcas y los logos de empresas multinacionales, pero cada vez menos niños saben distinguir una encina de un roble, el trigo de la cebada o el tomillo del romero.

El lema de nuestro sistema educativo ha sido enseñar las tres erres: leer, escribir y aritmética. Si una persona no sabe leer la etiqueta del producto alimentario que compra, se la considera analfabeta, pero si no sabe ni jota sobre pájaros, árboles y flores, si no sabe ni jota sobre biodiversidad, eso es aceptable. Si tenemos un título, graduación, máster o doctorado, aunque seamos unos analfabetos en ecología, estaremos bien considerados. Sin embargo, las comunidades indígenas, los campesinos y ganaderos, los pueblos nómadas y los que viven en la selva –que tienen profundos conocimientos sobre medicina, comportamiento animal y cambio de estaciones– están considerados salvajes analfabetos porque no saben leer o escribir. Esta noción de la educación basada en las tres erres tiene que modificarse. Esta es la razón por la que creamos The Small School en Hartland, Devon.

> “
> *Salid a la naturaleza y abrid vuestro corazón y vuestra mente al misterio, la magia y la majestad del mundo natural.*
>
> SATISH KUMAR

Cuando se inició la escuela, les dije a los alumnos: «Antes de daros clases sobre Darwin y Shakespeare, os enseñaremos a hacer pan y a cultivar calabazas y pepinos. Respeto profundamente la ciencia y la poesía, pero estas materias no pueden ni deben sustituir el conocimiento de cómo vivir. Todos queremos comer, pero cada vez hay menos personas que sepan cuidar un huerto y cocinar los alimentos. Todos queremos vivir en una casa bonita, pero cada vez hay menos personas que sepan construirla. Todos queremos ganar dinero, pero cada vez hay menos personas que respeten y honren a las demás. La educación ha perdido el sentido de integralidad. La educación, pues, debería ser un entrenamiento de la mente, las manos y el corazón, debería consistir en desarrollar la capacidad de pensar, de sentir y de hacer. Las tres erres no tienen nada de malo, pero ahí no se acaba la historia. La educación es descubrir lo que somos para llegar a ser nuestro verdadero "yo"».

En el sistema educativo moderno la mente lo es todo, el corazón tiene un papel muy secundario y las manos no tienen papel alguno. Los políticos hablan sobre preparar a los niños en economía del conocimiento y equiparlos con la tecnología de la información. Parece que creen que la educación ha de ser una educación del cerebro y para el cerebro, y que debe impartirla un profesorado muy inteligente. Las escuelas pretenden que su alumnado sea capaz de competir en un mundo de bancos, comercio, administración y gestión. Cuando los estudiantes salen de las escuelas, no saben hacer nada con las manos: cuidar huertos, cocinar, construir y fabricar. Se supone que todas estas actividades manuales deben hacerlas campesinos y trabajadores sin estudios en lugares lejanos, como China o Vietnam, Indonesia o Marruecos, o en cualquier otro país remoto. Es la receta para un futuro desastroso.

> *La educación es descubrir lo que somos para llegar a ser nuestro verdadero «yo»*
>
> SATISH KUMAR

Debido a nuestro pasado colonial, por un lado, y a nuestra inteligencia para la gestión del dinero, por el otro, es posible que tengamos un alto nivel de vida a corto plazo, pero a largo plazo para una sociedad estable con gente feliz y una economía próspera se necesita algo más que conocimientos e información. Hacen falta habilidades, oficios y una mentalidad que dignifique a los agricultores, los creadores, los albañiles y los trabajadores, a todos los que trabajan con sus manos. Pero la civilización moderna nos ha convertido en meros compradores y consumidores.

Para que una escuela o facultad tenga un buen equilibrio, debería contar con una cocina bien equipada donde los alumnos y los profesores prepararan juntos la comida. Una alimentación sabrosa y nutritiva es una condición necesaria para una buena comunidad. Cada escuela o facultad debería ser una comunidad formada por sus estudiantes y profesores, en lugar de una fábrica de conocimientos. Para liberar los centros de aprendizaje de la institucionalización, deberíamos convertirlos en comunidades de personas que desean aprender.

Casi toda la comida de las escuelas se prepara a gran escala y llega ya preparada. Muy a menudo los alumnos no se la comen porque es insulsa, lo cual significa que un gran porcentaje se tira a la basura. Ni siquiera termina convertida en compost para los jardines y los huertos escolares, sino que acaba en vertederos, donde lo que origina son gases invernadero. Un gran porcentaje de estudiantes universitarios no ha aprendido, ni en casa ni en la escuela, a cocinar comidas adecuadas, y cuando llega el momento de vivir en un piso resulta que se alimentan de productos baratos, procesados y preparados que compran en el supermercado. Pues claro que tenemos que gastar miles de millones de libras todos los años en el Servicio Nacional de Salud, y claro que las sociedades occidentales sufren cada vez más de obesidad, cáncer y enfermedades coronarias, por no hablar de trastornos mentales, psicológicos y emocionales. Gracias a Jamie Oliver, ha aumentado un poco la conciencia en lo que respecta a la calidad de la comida en las escuelas, pero la comunidad educadora está tan obsesionada con los resultados de los exámenes y los logros académicos que, para ella, los alimentos y la nutrición no constituyen una gran prioridad.

Lo único que parece preocupar a la dirección de las escuelas es encontrar al proveedor de comidas escolares más barato y menos problemático para que el alumnado pueda seguir con sus lecciones académicas, aunque la preparación de las comidas por los propios estudiantes tendría que considerarse una parte fundamental de la educación.

A menudo las comidas de escuelas y universidades se sirven en platos y cubiertos de usar y tirar. Comer con cuchara de plástico y platos de polietileno es visto como un símbolo de eficiencia, economía y progreso. ¡Qué confusión de conceptos! Las horas de comer en los centros educativos deberían ser un momento de reunión de la comunidad y de celebración por los frutos que nos da la tierra. En cambio, se han convertido en un asunto al que se debe dar fin a toda prisa. ¡Es igual llenar el depósito de gasolina que el estómago de pizza!

En una buena escuela la cocina tendría que estar considerada como un aula en la que se aprenden muchas asignaturas sin que te las impartan. Así pues, cuando los alumnos cocinan no se están perdiendo ninguna clase. El acto de cocinar ya es en sí mismo una gran lección. Cuando los alumnos tocan las verduras, amasan pan y lavan los utensilios están aprendiendo a utilizar sus manos.

Se supone que todas las escuelas han de tener patios y campos de juego, pero muy pocas tienen huertos en los que cultivar verduras, frutales y flores. Debería ser obligatorio para todas las escuelas disponer de jardín, y así como hay profesores de educación física, también tendría que haberlos de jardinería y agricultura; si las matemáticas y la lengua inglesa son asignaturas obligatorias, también tendrían que serlo la jardinería y la agricultura. Tierra no quiere decir suciedad. Debemos dar dignidad al trabajo realizado con las manos, al cultivo de la tierra. Trabajar al aire libre respirando aire fresco tiene numerosos beneficios para la salud. Los estudiantes, en el sistema actual, se pasan mucho tiempo entre cuatro paredes con lo cual se aburren, se frustran y se ponen nerviosos. Tenemos que revalorizar la importancia de dar clases al aire libre. Los gobiernos siempre organizan y reorganizan las estructuras escolares, las administraciones escolares, los sistemas de exámenes y los sistemas de financiación, pero nunca se fijan en algunos fallos fundamentales de nuestros anticuados sistemas educativos en los que los niños tienen muy pocas oportunidades de ser creativos, de hacer cosas con las manos y de cultivar la tierra. Un huerto no solo nos proporciona alimentos, también nos proporciona conocimientos y experiencia. En las aulas dentro de los edificios el alumnado recibe únicamente información, tal vez unos pocos conocimientos, pero ninguna experiencia; cuando los niños están en el jardín, trabajando con las manos, junto con sus compañeros y profesores –por ejemplo, en la cocina– obtienen a la vez información, conocimientos y experiencia.

¿Por qué estamos obligados a valorar más el trabajo en una oficina, un banco o una tienda que el trabajo en una cocina o en un huerto? No hay duda de que en Europa cada vez hay más desempleo entre la población joven.

A los jóvenes no se les ha enseñado más que a trabajar en oficinas. Y la cantidad de empleos que pueden generar las oficinas es limitada. Aunque los jóvenes se hayan formado como médicos, abogados y científicos, se trata en todos los casos de ocupaciones intelectuales. Para mí la educación debe incluir las habilidades manuales junto a las intelectuales. El hecho de que el sistema educativo solo dé importancia a los objetivos intelectuales hace que la gente dependa de bienes que se fabrican muy lejos. Estos productos tienen que ser transportados y para ello hacen falta enormes cantidades de combustibles fósiles. A partir del momento en que se hayan agotado los combustibles fósiles y hayamos perdido la capacidad de hacer y fabricar las cosas, seremos extremadamente vulnerables.

En cualquier caso, utilizar las manos y trabajar la tierra tienen un valor intrínseco. El hecho de ser autosuficientes y participar en el proceso de la vida lleva consigo una sensación de satisfacción que es fundamental para respetarnos a nosotros mismos y para sentirnos realizados psicológicamente.

Cuando digo habilidades manuales, me refiero a algo más que a cuidar un huerto. Según mi punto de vista, todas las escuelas y todas las universidades deberían dar exactamente la misma importancia a habilidades como trabajar la madera, la arcilla, la piedra, la lana y otros materiales. Nuestro sistema educativo ha valorado exclusivamente el trabajo con las ideas, las teorías, los conceptos. Todo esto está bien hasta cierto punto porque, sin práctica, la teoría se queda en la cabeza. En nuestra vida cotidiana, tenemos que utilizar las manos para que nuestra vida merezca la pena ser vivida. La energía humana es la fuente más importante de energía renovable.

Cuando los especialistas en medio ambiente hablan de energías renovables lo hacen refiriéndose al viento, el agua y el sol, pero casi nunca mencionan la energía humana. El mundo tiene unos ocho mil millones de habitantes. Tenemos a nuestro alcance una abundante energía humana que descuidamos, no usamos, pasamos por alto. Si todos los jóvenes de nuestras escuelas y universidades recibieran los conocimientos necesarios para poder utilizar su fuerza muscular para crear, manufacturar y usar poca electricidad, lograríamos mucha más sostenibilidad. Es maravilloso pensar que trabajar con las manos no solamente nos reporta salud y felicidad, sino que además ahorra energía. Puesto que no tendremos más remedio que acostumbrarnos a prescindir de los combustibles fósiles para invertir el proceso del calentamiento global y a protegernos contra un suministro cada vez menor de combustibles fósiles, es necesario que nos orientemos hacia una economía de proximidad, local y renovable. Y ¿qué es más renovable que la energía humana? Y la energía humana proviene de lo que comemos. Por lo tanto, el principal uso de la energía humana ha de ser el cultivo de nuestros alimentos para asegurarnos así un suministro ilimitado de energía humana. En consecuencia, un huerto en cada escuela no es una idea fantasiosa, es un imperativo para la sostenibilidad.

Ahora hablaré de la educación del corazón. ¿Cuáles son las cualidades del corazón? La respuesta es bien sabida: aprender a ser respetuosos, agradecidos, compasivos, generosos y atentos. Por otro lado, aprender a gestionar nuestros sentimientos, ansiedades e incertidumbres. Nuestros profesores no tienen tiempo para dedicarse junto con sus alumnos a explorar la educación del corazón, a examinarla y a reflexionar sobre ella. Sin embargo, la forma de gestionar nuestros sentimientos es tan importante como la lengua inglesa, las matemáticas, la historia y la ciencia. Lo sabemos todo sobre Darwin y Descartes, Milton y Marx, Shakespeare y Shelley, pero no sabemos respetarnos los unos a los otros, no sabemos ser compasivos con los que sufren enfermedades o desgracias, no sabemos cómo estar agradecidos por los regalos que nos da la vida y que recibimos todos los días y no sabemos cuidar la tierra, los animales, los bosques y las personas.

> “
> *Es maravilloso pensar que trabajar*
> *con las manos no solamente*
> *nos reporta salud y felicidad,*
> *sino que además ahorra energía.*
> SATISH KUMAR

La falta de compromiso con las cualidades del corazón es incumplimiento del deber. Lo que más necesitamos es una revolución en la educación. Tenemos que sustituir las «tres erres» por las «tres haches» [véase pág. 12]. No es una revolución muy difícil; solo hay que cambiar el corazón. Estaremos avanzando hacia una sociedad más sana cuando consigamos que nuestra educación sea más integral, inclusiva y holística. Si pasamos de las «tres erres» a las «tres haches» estaremos yendo hacia el bienestar de las personas, de las comunidades, de las naciones y del planeta Tierra. La importancia que hemos dado a las «tres erres» nos ha llevado a una cultura competitiva, interesada y egoísta; las «tres haches» nos llevarían a una cultura más cooperativa, social y ecológica, porque las «tres haches» están orientadas a las relaciones personales. A través del corazón nos relacionamos con los demás y con la naturaleza. A través de las manos nos relacionamos con los demás y con la naturaleza.

La historia de Satyakam

La educación de la mente, el corazón y las manos era el principio fundamental de la educación que practicaba Rabindranth Tagore. Su metodología consistía en aprender *de* la naturaleza, no *sobre* la naturaleza. Impartía sus clases bajo los árboles, una práctica que Tagore heredó de la antigua tradición india, en la que se aprendía en escuelas en medio del bosque y la selva, en la naturaleza y de la naturaleza.

Una de las historias más conocidas es la que se cuenta en la *Chandogya-upanishad*.

Un muchacho, Satyakam, oyó hablar de un gran maestro, erudito y sabio, llamado Rishi Gautama. Pero resulta que Rishi aceptaba pocos alumnos, si bien una vez aceptados les ofrecía total atención.

Cuando Satyakam quiso ir a estudiar con Rishi, le dijeron que este, en la primera entrevista, le preguntaría: «¿Quién eres, cuál es tu linaje, quiénes son tu madre y tu padre y por qué y qué quieres estudiar?»

Satyakam pensó que podía contestar todas aquellas preguntas, excepto una; no sabía quién era su padre. Entonces Satyakam se dirigió a su madre:

–Hay un famoso maestro en el bosque. Es el único con quien quiero estudiar, pero querrá saber quién es mi padre. Madre, ¿puedes decirme quién causó mi nacimiento?

Al parecer la pregunta incomodó a su madre, que se sintió algo avergonzada, pero por otro lado quería que su hijo estudiara con un gran maestro que lo convertiría en un hombre sabio y habilidoso, y por esto respondió:

–Hijo mío, cuando yo era joven trabajaba como criada. Servía a muchos hombres. Por desgracia no sé quién fue la causa de tu nacimiento, pero yo me llamo Jabala, así que dirígete al maestro y dile que tu nombre es Satyakam Jabala.

Armado con su respuesta, Satyakam fue en busca de Rishi Gautama, que vivía en un lugar rodeado de árboles, bosques de salas, mangos y tecas. El maestro vivía en una cabaña hecha de bambú, simple pero elegante, junto a un estanque donde flotaban flores de loto. El techo era de paja y por encima crecían tiernos calabacines. Al ver que Satyakam se le acercaba, el maestro le dijo:

–Bienvenido, joven, ¿qué buscas?

–Te busco a ti, maestro, quiero aprender de ti y servirte.

El maestro le pidió que se sentara sobre una estera de paja junto al estanque y le ofreció agua fresca en una taza de arcilla.

–¿Crees que podrás vivir en este bosque, lejos de tu madre y de tus amigos? –le preguntó el maestro.

–Sí, maestro. Mi deseo es aprender de ti –dijo el muchacho.

–¿Por qué tienes tanta sed de conocimientos? –le preguntó el maestro.

–Quiero saber quién es *Brahman* y quién soy yo.

–¿Quién es tu padre? ¿Cuál es tu linaje? –le preguntó el maestro.

–Cuando le pregunté a mi madre por mi padre, me dijo que cuando ella era joven trabajó para muchos hombres. Por desgracia no sabe quién es mi padre, pero el nombre de mi madre es Jabala y por lo tanto me sugirió que te dijera que mi nombre es Satyakam Jabala.

La voz de Satyakam al pronunciar aquellas palabras era pura inocencia. Fue honesto y sincero.

–Dices la verdad. Solo un niño de una buena madre y de un buen padre puede ser tan sincero y tu deseo de conocer a *Brahman* también es puro y desinteresado. Te tomo como estudiante a partir de ahora mismo.

Satyakam no cabía en sí de satisfacción. Puso sus manos sobre los pies del maestro en señal de agradecimiento.

–Ve al otro lado de ese bosquecillo de mangos. Verás allí nueve vacas y un toro. Llévatelos al bosque, cuídalos, y cuando esos diez animales se hayan convertido en cien, vuelve. Esta es tu primera lección.

Satyakam se puso de pie y dijo:

–Haré lo que me dices.

El maestro le dio su bendición.

Satyakam condujo las vacas y el toro hasta el bosque. Primero de todo aprendió a recoger bayas, frutas y raíces para alimentarse. Al cabo de unos días empezó a disfrutar del sabor de aquellos alimentos, de su aroma y de su gran diversidad de colores. Se dio cuenta de que las vacas sabían mejor que él lo que debían comer y lo que no, cuándo debían comer y cuándo debían dormir. Satyakam comenzó a hacerse amigo de los ciervos y los monos, y a interesarse profundamente por los pájaros, pequeños y grandes, de diferentes coloridos, y a gozar con su canto. Satyakam perdió todo sentido del tiempo. Se olvidó de su madre y sus amigos. Los seres vivos del bosque se convirtieron en su familia. Se construyó una flauta con una caña de bambú y empezó a imitar el canto de los pájaros, y cuando tocaba la flauta, las vacas dejaban de comer y se acercaban a él para oír su música. Satyakam andaba por los valles de los ríos, cruzaba las montañas y recorría los paisajes sin caminos sin más compañía que sus vacas. La naturaleza ya no le daba ningún miedo, y con cada estación crecía el número de vacas. El tiempo pasaba deprisa; Satyakam no sabía nada de meses o años; solo sabía ver el variado clima, los diferentes paisajes. Lo que más le gustaba eran los truenos, los relámpagos y la estación de los monzones. Tras el monzón la fruta era abundante.

Después de mucho tiempo, un tiempo sin medida, un día Satyakam estaba de pie bajo un árbol de teca tocando la flauta con todas sus vacas y toros reunidos a su alrededor. De repente uno de los animales dijo:

–Soy el número cien del rebaño, recién nacido. Es hora de volver con nuestro maestro. Pero antes de empezar el viaje de regreso, quiero darte una lección sobre la existencia de *Brahman*, la energía implícita y explícita del universo.

Satyakam se quedó muy sorprendido. ¡Una vaca le iba a dar una lección sobre *Brahman*!

–Sí, por favor, enséñame quién es *Brahman*, dónde está *Brahman*.

La ternera le dijo:

–El Este es *Brahman*, el Oeste es *Brahman*, el Norte es *Brahman*, el Sur es *Brahman*. Sigamos. Mañana el fuego nos enseñará más cosas sobre *Brahman*.

Satyakam estaba asombrado e ilusionado. Empezó a andar con sus cien cabezas de ganado en dirección a su maestro.

Al día siguiente, al atardecer, acamparon en una colina. Satyakam recogió leña y encendió una pequeña hoguera. Mientras miraba su rebaño, cuyo aspecto era saludable, fuerte y relajado, apareció la diosa del fuego y dijo:

–Satyakam, has sido un buen habitante del bosque. Como regalo te voy a contar un secreto sobre *Brahman*.

El joven volvió a quedarse pasmado, pero con toda su atención le dijo a la diosa del fuego, Agni:

–Por favor, dime quién es *Brahman*, dónde está *Brahman*.

–Los animales son *Brahman*, los pájaros son *Brahman*, los insectos son *Brahman*, *Brahman* es todo lo que hay a tu alrededor. Mañana un cisne te enseñará más cosas sobre *Brahman*.

Satyakam no cabía en sí de gozo por estar aprendiendo tantas cosas sobre *Brahman*. Aquella noche durmió serena y profundamente, lo mismo que su rebaño. Al día siguiente atravesaron el bosque, cruzaron las montañas, recorrieron el valle del río y llegaron a un lago. El cielo estaba rojo, como si alguien hubiera pintado las nubes. Raramente se veían aquellos colores y aquella luz. Satyakam estaba contemplando el cielo en estado de trance. Poco a poco, aquel cielo rojo empezó a desteñirse y las nubes se oscurecieron. El joven se quedó allí hasta que solo un débil resplandor de luz se reflejó en el agua del lago. Bajo aquella luz, distinguió un cisne que se acercaba a él nadando, como una joya blanca en medio de la noche negra. Satyakam miró a los ojos del cisne. Este dijo:

–Satyakam, quiero revelarte una verdad, una verdad sobre *Brahman*.

Esta vez el joven no se sorprendió. Sonrió al cisne y le dijo:

–Por favor, dime quién es y dónde está *Brahman*.

–Este lago es *Brahman*, este río es *Brahman*, este ocaso es *Brahman*, esas nubes son *Brahman*, esta luz es *Brahman*, esta oscuridad es *Brahman*, estos árboles son *Brahman*, esos montes son *Brahman*. Satyakam, mañana encontrarás a tu gurú. Él te enseñará más cosas sobre *Brahman*. Déjame que te desee buenas noches. Duerme bien, querido peregrino.

Entonces el cisne desapareció sin más en la oscuridad.

Satyakam se sentía ligero y feliz. ¡Qué verdad había salido de la boca de un cisne! Se estiró sobre la tierra desnuda, con los brazos a modo de almohada, y soñó con *Brahman* y soñó con el cisne. ¿El cisne era *Brahman* o era un emisario? Mientras soñaba le llegó la respuesta: el mensaje es *Brahman*, el mensajero es *Brahman*. No hay mensaje sin mensajero: no hay mensajero sin mensaje.

A la mañana siguiente las vacas se pusieron en cabeza y Satyakam las siguió. Oyó el canto de los pájaros:

–Somos *Brahman*, somos *Brahman*, todos somos *Brahman*.

Una brisa le susurraba al oído:

–*Brahman* frente a ti, *Brahman* detrás de ti, *Brahman* encima de ti, *Brahman* debajo de ti, *Brahman* a tu alrededor. Sigue caminando, sigue fluyendo dentro de *Brahman*.

El sabio oyó el sonido de las pezuñas de cien vacas. Oyó la flauta de un flautista consumado. Vio que el polvo se arremolinaba por encima del bosquecillo de mangos. Comprendió entonces que Satyakam estaba de vuelta. Se fue a buscar su bastón para ir andando a dar la bienvenida a su diligente discípulo. El maestro vio el rebaño y detrás de este al joven, que al ver a su gurú corrió hacia él y cayó a sus pies. De repente el rebaño se detuvo. El maestro abrazó a Satyakam y le dijo:

–Todas las vacas están sanas y fuertes. Tú también estás sano y fuerte. Te brillan los ojos, tu rostro está sereno, te veo sabio y en buena forma.

–Gracias a tu gracia y tus bendiciones, el bosque se ha convertido en mi hogar. Estas vacas han sido mis compañeras. Los pájaros del cielo y los ciervos del bosque han sido mis hermanos y hermanas. He aprendido el secreto y la verdad sobre *Brahman*, y lo he aprendido primero de la ternera, luego del fuego y después del cisne. Pero el conocimiento más profundo aún está por llegar, por lo que estoy contento de volver a estar contigo. Por favor, enséñame el misterio de *Brahman*. ¿Quién es *Brahman*? ¿Dónde está *Brahman*?

El sabio cogió de la mano a Satyakam y ambos caminaron hacia la cabaña del maestro junto al estanque de las flores de loto.

–Satyakam, te brillan los ojos. Es *Brahman* quien brilla en ellos. Tu corazón rebosa de amor. Es *Brahman* quien mora en él. La ternera te dijo la verdad. También te dijeron la verdad el fuego y el cisne. *Brahman* está dentro de ti y fuera de ti. La verdad es *Brahman*. El amor es *Brahman* y la belleza es *Brahman*. El aliento es *Brahman*. El millón de nombres de un millón de cosas no son más que los nombres de *Brahman*.

Rishi Gautama prosiguió:

–El universo es la danza del señor Shiva, otro nombre de *Brahman*. No hay separación alguna entre la danza y el bailarín. Igual que no hay separación entre el creador y la creación. Todo y todos somos creadores y todo y todos somos una creación. La creación es continua. No hay comienzo; no hay final. El nacimiento es *Brahman* y la muerte es *Brahman*. A través del nacimiento y la muerte se renueva y se rejuvenece la vida. El dolor es *Brahman* y la alegría también es *Brahman*. El dolor y la alegría nos hacen fuertes y resistentes.

Satyakam recibió la bendición del conocimiento profundo; su deseo de saber se cumplió. Su mente, su corazón y sus manos estaban en total armonía.

6

LO PEQUEÑO ES HERMOSO

LO PEQUEÑO ES HERMOSO

Hasta ahora me he referido a la relación que existe entre la sabiduría de Oriente y la trinidad formada por tierra, alma y sociedad. En este capítulo trataré sobre un economista occidental que fue filósofo además de hombre de fe. Me refiero a E.F. Schumacher, a quien conocí en 1968 y en el que encontré la encarnación del pensamiento holístico. Schumacher expresó detalladamente cómo podía la sociedad humana sentirse a gusto consigo misma, cuidar de la naturaleza y a la vez disfrutar de los frutos de una constante renovación espiritual.

E.F. Schumacher fue el paladín de la economía verde. Defendía lo pequeño porque lo pequeño era compatible con la grandeza y con lo verde. Las fábricas gigantescas que producen en masa y las empresas gigantescas implicadas en el consumo y el transporte masivos comportan la contaminación de la tierra, del aire y del agua, agotan los recursos y destruyen la creatividad humana. Esta es la razón por la que Schumacher llegó a la conclusión de que lo pequeño no solo es bello, sino que además es fundamental, aunque no sea suficiente. Lo pequeño es necesario porque da a las personas la posibilidad de ser espontáneas, creativas, flexibles e innovadoras.

A una escala más pequeña nos resulta más fácil ejercer un mayor grado de autonomía y mejorar planes y normas ya existentes adaptándolos a las circunstancias de cada momento. Además, estamos en mejores condiciones de cuidar el entorno natural, a nosotros mismos y a las comunidades humanas, dicho en otras palabras, tierra, alma y sociedad.

En 1962 Rachel Carson presentó un argumento científico, en su libro *Silent Spring*, que ayudaba a comprender y cuidar mejor el entorno natural.

En 1972 la ONU organizó el primer congreso sobre medio ambiente en Estocolmo, en el que participaron muchos jefes de Estado y líderes gubernamentales, y en el que se construyó un sólido argumento político para promover un cambio a favor de la protección del medio ambiente.

En aquel momento, el Club de Roma también publicó un trabajo de investigación fundamental titulado *Limits to Growth*, una firme defensa de un cambio de orientación para pasar del consumo a la conservación.

Las tres iniciativas mencionadas fueron muy alentadoras.

Sin embargo E.F. Schumacher pensaba que hasta que no nos enfrentáramos a «la religión de la economía», la ciencia y la política medioambientales no bastarían. El mundo estaba atrapado en un sistema económico que iba en contra de las personas y en contra de la naturaleza y, por si esto fuera poco, era destructor del alma. Schumacher había escrito una serie de ensayos en los que establecía los fundamentos de una economía ecológica y espiritual. Animado por el trabajo de Rachel Carson, el congreso de las Naciones Unidas en Estocolmo y la investigación de *Limits to Growth* decidió convertir aquellos ensayos en un libro. El resultado fue *Small is Beautiful*.

> “
> *Lo pequeño es necesario porque da a las personas la posibilidad de ser espontáneas, creativas, flexibles e innovadoras.*
> SATISH KUMAR

Pero para empezar el libro no era fácil. Cuando Schumacher se dispuso a buscar un editor, resultó ser una tarea ardua. Todos los editores terminaban mandándole una nota en la que le decían: «No, gracias». Por fin, un pequeña editorial dirigida por

Blond supo ver las posibilidades del libro, cuyo título original era *Homecomers: Economics as if People Matter*.

Después de haber leído el libro, Blond le dijo a Schumacher:

–De lo que usted habla realmente es de que lo pequeño es una condición previa para la felicidad y el bienestar humanos, para la cohesión social y el cuidado del medio ambiente, para la paz y la libertad.

Schumacher le contestó:

–Sí, eso es. Esto es lo que digo, ¡pero digo mucho más que esto!

Blond sugirió:

–¿Qué le parece si lo titula *Small is Beautiful* y deja como subtítulo *Economics as if People Matter*? El título del libro ha de tener gancho, ser corto e inolvidable.

A Schumacher le gustó la idea porque para él la belleza era tan importante como la pequeñez. Lo pequeño por sí solo no es garantía de calidad. Lo pequeño tiene que ser también bello y bueno.

Así pues, reunir aquellas dos palabras y aquellos dos conceptos en el mismo título con simplicidad y accesibilidad era una propuesta atractiva. Schumacher le dijo a Blond:

–Me gusta. Puesto que usted es el editor, si considera que su título va a beneficiar la venta del libro, estaré encantado de acceder a su propuesta.

Blond estaba satisfecho y publicó el libro en edición de tapas duras en 1973. Si a Schumacher le resultó difícil encontrar editor, a Blond le costó mucho comercializarlo. Los medios de comunicación y el mercado británicos encontraron que el libro era demasiado idealista y utópico. Sin embargo, Blond consiguió publicarlo en Estados Unidos, donde tuvo una buena acogida entre los medios de comunicación y los entornos académicos. Blond empezó una gira para dar a conocer el libro a lo largo y ancho de Estados Unidos y habló ante públicos abarrotados en universidades, iglesias y ayuntamientos. Jerry Brown, que entonces era gobernador de California, leyó la obra y le gustó tanto que invitó a Schumacher a su casa. Para Brown el hecho de hablar con Schumacher personalmente fue tan estimulante e impactante que telefoneó al presidente Jimmy Carter y le convenció para que recibiera a Schumacher. Esta invitación a la Casa Blanca se convirtió en gran noticia en el Reino Unido, donde, de repente, medios de comunicación, catedráticos, profesores y libreros descubrieron al autor, y el libro se convirtió en un éxito de ventas. No tardó en ser traducido a las principales lenguas del mundo. Ahora el libro es un clásico verde. Los rasgos más notables de esta obra revolucionaria son los que comento a continuación.

Las organizaciones se conciben y crean con determinados ideales, ya sea atender la salud de las personas u ofrecer educación a los niños, producir y distribuir alimentos o cuidar el medio ambiente. Las organizaciones a gran escala tienden a quedar atrapadas en su propio mantenimiento, y los ideales para los que se crearon suelen pasar a un segundo plano. Las organizaciones a gran escala obligan a que la gente esté al servicio de la organización, mientras que las organizaciones pequeñas suelen estar al servicio de la gente.

Una de las pruebas para saber a cuál de los dos tipos pertenece una organización es comprobar si esta convierte a las personas en instrumentos para perpetuar el sistema y si considera a las personas como medios para conseguir un fin, o bien si la organización existe como medio y las personas son su finalidad. Las empresas muy grandes procuran maximizar los beneficios, con lo cual las personas acaban estando subordinadas a las ganancias, mientras que las empresas más pequeñas tienen mejores condiciones para mantener un equilibrio entre el bienestar de sus miembros y la comunidad a la que sirven, y también para no perder de vista los resultados.

De un modo parecido, las organizaciones gubernamentales grandes se obsesionan en mantener su poder. Otras cuestiones de orden humano, social y ecológico quedan relegadas a un plano secundario ante los imperativos primordiales de permanecer en el control, incluso a veces al precio de actuar solo de cara a la galería en la mejora de los servicios públicos o el mantenimiento de un desarrollo sostenible.

E.F. Schumacher escribió: «Según parece siempre son necesarias como mínimo dos cosas simultáneamente libertad y orden. Necesitamos la libertad de muchas unidades pequeñas y autónomas y al mismo tiempo el orden de la gran escala cuando se trata de acción; necesitamos unidades pequeñas porque la acción es algo muy personal, y uno no puede estar en contacto con más de un número muy limitado de personas a la vez».

Cuando Schumacher y otros pensadores partidarios de la descentralización defendían la suprema importancia de la escala humana, se referían sobre todo a las organizaciones físicas y no a un tipo de confinamiento provinciano, estrecho o nacionalista. El propio Schumacher estaba de acuerdo con que, «en lo concerniente al mundo de las ideas, de los principios o de la ética, de la indivisibilidad de la paz y la ecología, debemos reconocer la unidad del género humano».

Sin lugar a dudas somos miembros de la comunidad de la Tierra y todas las fronteras de carácter nacional, político, religioso o industrial tienen una importancia secundaria. Tenemos que reconocer lo sagrado de toda vida y su valor intrínseco sin confinarnos a intereses seccionales o sectoriales. Pero estamos limitados por nuestra estatura física y por lo tanto solo podemos establecer relaciones activas y personales con un número reducido de personas. La Tierra entera es nuestro hogar y, sin embargo, desarrollamos un sentido de pertenencia y conexión espiritual solo con el sitio en el que realmente vivimos. No debe confundirse la pequeñez con la estrechez. Para Schumacher la idea de lo pequeño no tenía nada que ver con una creencia dogmática. A menudo se refería a la escala apropiada. Pero resaltaba la importancia de la pequeñez porque en su opinión el mundo estaba obsesionado por «una idolatría casi universal por el gigantismo»; en consecuencia, Schumacher consideraba necesario insistir en las virtudes de lo pequeño. «Si existiera una idolatría generalizada por lo pequeño –escribió–, tendríamos que hacer fuerza y ejercer influencia en la dirección contraria». Más adelante explicó que «existe una escala apropiada para cada actividad».

La escala apropiada para los asentamientos humanos

No solo hace falta construir las organizaciones políticas, sociales y empresariales a una escala adecuada, sino que también hay que planificar los asentamientos urbanos siguiendo un criterio de escala humana. El crecimiento desmesurado de las ciudades en todo el mundo preocupaba enormemente a Schumacher. «Son millones de personas las que se desplazan y abandonan las zonas rurales y las pequeñas poblaciones atraídas por las luces de la ciudad, y se dirigen a los grandes centros urbanos causando un crecimiento patológico.» A Schumacher le preocupaba la creación de megalópolis en las que la convergencia de millones de personas daba lugar a congestión, polución y alienación, a la vez que a pérdida de sentido de la comunidad, la belleza y la simplicidad.

> *La Tierra entera es nuestro hogar y, sin embargo, desarrollamos un sentido de pertenencia y conexión espiritual solo con el sitio en el que realmente vivimos.*
>
> SATISH KUMAR

Para Schumacher medio millón de personas era la cifra máxima ideal de habitantes de una ciudad, ya que en las poblaciones de este tamaño los ciudadanos pueden ir andando a todas partes sin necesidad de utilizar coche o autobús. La gente puede ir a pie a la escuela, a comprar, a la biblioteca, al teatro, al hospital y a otros servicios. Hay un mejor equilibrio entre la ciudad y el campo; la naturaleza y la cultura están cerca la una de la otra. Este tipo de ciudad está rodeada de campos, granjas y huertos, que pueden responder a las necesidades de la población con un transporte mínimo. La energía debería proceder del sol, el aire, el agua y la madera. E incluso se podría contar con una pequeña parte de combustibles fósiles, cuya duración se puede alargar considerablemente siempre que la frugalidad y una política que evite la producción de residuos formen parte integral de la cultura urbana. En esta ciudad serían posibles los huertos compartidos y en terrazas, así como la recolección de agua, puesto que las personas convivirían en un contexto de reciprocidad, cooperación y ayuda.

Schumacher lo explicaba así: «La enfermedad invasora del mundo moderno es el total desequilibrio entre la ciudad y el campo, un equilibrio en cuanto a riqueza, poder, cultura, atractivos y esperanza. La primera se ha sobreextendido y la última se ha atrofiado. La ciudad se ha convertido en un imán universal mientras que la vida rural ha perdido su sabor. Sin embargo, sigue siendo una verdad inalterable que, lo mismo que una mente sana depende de un cuerpo sano, la salud de las ciudades depende de la salud de las zonas rurales. Las ciudades, con toda su riqueza, son solo productoras secundarias, mientras que la producción principal, que es prerrequisito de toda la vida económica, tiene lugar en el campo. La imperante falta de equilibrio, basada en la secular explotación de los agricultores y las materias primas, amenaza hoy en día a todos los países del mundo, a los ricos incluso más que a los pobres. Restaurar un equilibrio adecuado entre la ciudad y el campo es tal vez el mayor reto al que se tiene que enfrentar el hombre moderno. No se trata simplemente de aumentar la producción agrícola para que no haya hambre en el mundo. No hay respuesta para los males del desempleo masivo y de las migraciones masivas a las ciudades, a menos que se eleve el nivel global de la vida rural, para lo cual hace falta desarrollar una cultura agroindustrial, de modo que cada distrito, cada comunidad, pueda ofrecer una variedad de ocupaciones a sus miembros».

Economía de escala

Si la pequeña escala conduce naturalmente a una economía local, la gran escala lleva a la globalización. La globalización depende totalmente del uso excesivo y antieconómico de combustibles fósiles, que requiere enormes infraestructuras y una movilidad desmesurada además de ser causa del cambio climático. En cambio, la economía local aumenta el sentido de pertenencia al lugar, el sentido de comunidad y el sentido de responsabilidad respecto al entorno local.

En una ocasión, Schumacher vio un camión que transportaba galletas de Edimburgo a Londres y algo más tarde se enteró de que los camiones transportaban galletas de Londres a Edimburgo. Como economista, le era imposible entender por qué razón seres humanos capaces y creativos se veían obligados a conducir camiones horas y horas, desde Edimburgo hasta Londres y desde Londres hasta Edimburgo, transportando galletas con un coste enorme para el medio ambiente. Sin lugar a dudas los pasteleros londinenses podían aprender las recetas escocesas para hacer galletas, y viceversa, con lo cual evitarían la contaminación del aire, el aburrimiento humano y la construcción de carreteras. Después de mucho pensar y analizar, Schumacher no logró entender la lógica económica de dicha transacción y se dijo en broma a sí mismo: «Claro, solo soy economista, no especialista en nutrición, y tal vez sea que transportando las galletas a grandes distancias ¡aumenta su contenido nutritivo!».

No son solamente las galletas las que recorren grandes distancias, también lo hace el agua. Una vez vi venderse agua embotellada de las Tierras Altas escocesas en un supermercado en Francia y agua francesa en Escocia. Me pregunté si el agua escocesa no era lo bastante buena para los escoceses y el agua francesa para los franceses. Desde luego es fácil ver la lógica del comercio entre el whisky escocés y el coñac francés; se trata de un comercio comprensible. Pero ¿qué sentido tiene importar y exportar agua?

Gran Bretaña importa y exporta la misma cantidad de mantequilla. Lo mismo ocurre con muchos otros productos. Schumacher fue uno de los primeros en señalar lo absurdo y estúpido de este sistema.

En nombre de la economía de escala ignoramos las deseconomías de escala. Aunque en Europa y en Estados Unidos hay millones de personas sin trabajo que se ven obligadas a vivir de las prestaciones sociales, se importan productos de China que se podrían fabricar localmente con toda facilidad, lo cual daría trabajo a la gente, reduciría la contaminación y liberaría a esos países de la enorme carga de la deuda.

Psicología de escala

La pequeña escala también lleva al bienestar personal, psicológico y emocional; al bienestar del alma. En las organizaciones de grandes dimensiones la integridad de los individuos suele perderse. El individuo se siente como una «pequeña tuerca en una enorme máquina cuando las relaciones humanas del trabajo diario cada vez están más deshumanizadas», escribió Schumacher. Las organizaciones de grandes dimensiones están más preocupadas por la eficiencia y la productividad, y no hay espacio para la felicidad humana y la satisfacción espiritual. Schumacher lo explicó más adelante: «En realidad, las organizaciones de grandes dimensiones no le gustan a nadie; a nadie le gusta recibir órdenes de un superior que a su vez recibe órdenes de otro superior. Aunque las reglas diseñadas por la burocracia sean humanas, a nadie le gusta estar sometido a ellas, es decir, a personas cuya respuesta a cualquier queja es: "Yo no he hecho las reglas; me limito a aplicarlas"».

En las organizaciones grandes las personas quieren orden, pero ese orden a menudo es estático e inerte, y a los individuos dentro de esas organizaciones les suele faltar sentido de aventura y valentía para asumir riesgos. Schumacher creía que la organización ideal es aquella en la que «existe mucho espacio y la posibilidad de romper con el orden establecido para hacer las cosas que nunca se han hecho antes, que nunca han sido previstas por los guardianes del orden». Schumacher valoraba la creatividad que actuaba como estímulo para lograr «resultados imprevistos e impredecibles».

Schumacher vio que «el peligro concreto inherente a las organizaciones de grandes dimensiones era su natural tendencia a favorecer el orden a expensas de la libertad creativa [...]; el hombre de orden es el típico contable y el administrador, mientras que el hombre libre y creativo es el empresario. El orden requiere inteligencia y lleva a la eficiencia; en cambio, la libertad necesita y abre la puerta a la intuición, y lleva a la innovación sin la magnanimidad del desorden que se aventura en lo desconocido e incalculable, sin riesgo y apuestas, la imaginación creativa irrumpe allí donde los ángeles de la burocracia no osan adentrarse; sin esto, la vida es una farsa y una desgracia».

Ecología de escala

Si las actividades económicas se realizan a una escala pequeña y local se derivará de ello que la huella humana en la Tierra también será pequeña. La producción masiva a gran escala da lugar al consumo masivo a gran escala, el cual, a su vez, provoca residuos y contaminación a gran escala. En cambio, la producción a pequeña escala, local y consciente de las masas dará como resultado un consumo cuidadoso, e incorporará ideales como reducir, reutilizar y reciclar los objetos y bienes de uso diario.

El interés de Schumacher por lo pequeño no era la pequeñez en sí misma, sino que creía que lo pequeño es sostenible y beneficioso para el medio ambiente. La sociedad moderna vinculada a un sistema capitalista a gran escala solo ve la naturaleza como un recurso del que sacar el máximo beneficio.

La economía moderna ha invertido el orden de tierra, trabajo y capital, los principios de la economía clásica. El capital se ha convertido en el principal factor. Según este modelo, la tierra y el trabajo existen para servir al capital. En la economía clásica, la verdadera riqueza era la tierra, los bosques, los animales, los minerales, los ríos, la ingenuidad humana, la creatividad y las habilidades. El capital económico estaba ahí para engrasar las ruedas. En la economía moderna, el dinero ha pasado a ser la mayor riqueza, a pesar de que el dinero debiera ser considerado simplemente una medida de la riqueza, un medio de intercambio, pero no la riqueza propiamente dicha. Esta primacía del dinero en el modelo económico moderno es la causa de la crisis medioambiental.

La misión de la economía moderna es maximizar los beneficios, y el método para alcanzarla es conquistar la naturaleza. Los industrialistas hablan de una batalla contra la naturaleza –por la forma en que la tratan parece como si estuvieran en guerra con ella–. La ganadería intensiva, la ingeniería genética, la industrialización de la agricultura y de las cosechas, el uso de fertilizantes, herbicidas y pesticidas, la tala de bosques, la minería a cielo abierto, las perforaciones a gran profundidad o el *fracking* en busca de petróleo, la pesca a escala industrial y muchos otros ejemplos son la prueba de que la economía industrial ve la naturaleza como algo contra lo que hay que luchar y a lo que hay vencer. Los capitanes de la economía moderna no son conscientes de que si ganan la guerra se van a encontrar igualmente en el bando de los perdedores.

> ”
> *En la economía clásica, la verdadera riqueza era la tierra, los bosques, los animales, los minerales, los ríos, la ingenuidad humana, la creatividad y las habilidades.*
> SATISH KUMAR

Para Schumacher la naturaleza era el verdadero capital, definida la palabra en su sentido más amplio. Insistía en que teníamos que hacer todo lo que estuviera en nuestras manos para conservar, salvaguardar y proteger el capital natural, por él mismo y por las generaciones futuras. Se refería al respeto y la veneración por el valor intrínseco de la sagrada naturaleza como «metaeconomía». Escribió lo que sigue: «Los combustibles fósiles son solo una parte del capital natural que nos hemos empeñado en tratar como algo reemplazable, como si fueran ingresos. Si desaprovechamos nuestros combustibles fósiles, amenazamos la civilización; pero si desaprovechamos el capital representado por la naturaleza viva que nos rodea, lo que estamos amenazando es la vida misma».

Si fuéramos fieles a la economía clásica, consumiríamos los regalos de la naturaleza con moderación y para satisfacer nuestras necesidades vitales.

La economía industrial y capitalista desaprovecha con insensatez el capital natural «como si fuera algo que hubiéramos hecho nosotros mismos y pudiéramos reemplazarlo con nuestra tan cacareada productividad de rápido crecimiento».

En la economía que propone Schumacher el objetivo consiste en «salud, belleza y permanencia y en aprender a vivir en paz, no solo con los demás, sino también con la naturaleza». En la economía capitalista, lo que se persigue es un crecimiento económico continuo e ilimitado, que Schumacher calificaba de patológico y al que consideraba una meta imposible, porque no puede haber un crecimiento ilimitado o infinito en una Tierra finita.

Espiritualidad y escala

La obstinada persecución del crecimiento económico es puro materialismo en el que se cultiva sistemáticamente la codicia, y donde no tienen lugar la contención, la frugalidad y la sabiduría. Según Schumacher, hemos llegado a ser demasiado inteligentes «para poder sobrevivir sin sabiduría [...]; el haber excluido la sabiduría de la economía fue algo que, tal vez durante un tiempo, mientras no obtuvimos muy buenos resultados, nos pudimos permitir; pero ahora que obtenemos muy buenos resultados, el problema de la verdad espiritual y moral pasa a ocupar una posición central».

Schumacher no deja de recalcar la crucial relación que existe entre la economía y la sabiduría. Escribió: «El fomento y crecimiento de las necesidades es la antítesis de la sabiduría, es también la antítesis de la paz y la libertad. Cada vez que crece una necesidad se tiende a aumentar la dependencia de las fuerzas exteriores sobre las que no podemos ejercer ningún control, y por lo tanto aumenta el miedo existencial. Solo reduciendo las necesidades se puede fomentar una auténtica disminución de esas tensiones que son las causas últimas de los conflictos y las guerras».

La economía a gran escala es la economía de la guerra y la violencia. «Las máquinas cada vez más grandes, que comportan concentraciones de poder económico cada vez mayores y ejercen cada vez más y mayor violencia sobre la naturaleza no representan ningún progreso: son la negación de la sabiduría. La sabiduría requiere dar una nueva orientación a la ciencia y la tecnología hacia lo orgánico, lo bueno, lo no violento, lo elegante y lo bello. La paz es indivisible: ¿cómo es posible que la paz se construya sobre la base de una ciencia insensata y una tecnología violenta?», escribió Schumacher.

Era por la paz, la sostenibilidad y el bienestar de las personas y de la Tierra por lo que Schumacher defendía las organizaciones a pequeña escala, porque creía que estas siempre serían menos perjudiciales para el entorno natural y tendrían menos probabilidades de provocar guerras que las organizaciones de grandes dimensiones.

Schumacher era consciente de que las comunidades pequeñas también pueden ser culpables de destruir y agredir, pero por su dimensión y poder limitados veía que su impacto también era pequeño en comparación con el impacto negativo de los grupos o naciones gigantes motivado por el poder, los beneficios y la codicia. Si hubiera pruebas, por pequeñas que fueran, de que lo grande va acompañado de humildad, modestia y contención, Schumacher no hubiera puesto objeción alguna a las operaciones, corporaciones y naciones de grandes dimensiones. Pero, según creía, este no era el caso.

Schumacher, que había tenido la experiencia de trabajar en grandes organizaciones, se dio cuenta de que estas se regían por criterios muy restringidos y que estos criterios tendían al corto plazo –balances trimestrales y margen de beneficio anual–. Las empresas transnacionales que buscan mercados globales dependen de infraestructuras construidas por los gobiernos con el dinero de los contribuyentes, y aun así sus inteligentes contables se las apañan para no pagar impuestos. Por otro lado, sus cálculos económicos excluyen el verdadero coste que significan para el medio ambiente.

Además de la obstinación y el corto plazo, las organizaciones económicas de grandes dimensiones fomentan el individualismo irresponsable; no les preocupa para nada el bienestar espiritual, social y medioambiental. Por ejemplo, consideran que no es económico dar preferencia a productos fabricados localmente si los productos importados son más baratos. Las fuerzas del mercado, el libre comercio, la globalización y el crecimiento económico unidos han creado la «religión de la economía», en la que triunfa el reino de la cantidad. Schumacher escribió: «Cuando el pensamiento económico está basado en el mercado, extirpa lo sagrado de la vida, porque no puede haber nada sagrado en lo que tiene un precio». En un sistema así, incluso valores simples y no económicos como la belleza, la salud o la limpieza solo pueden sobrevivir si demuestran que son «económicos».

La economía budista

El Gobierno de Birmania invitó a Schumacher para que lo aconsejara sobre el desarrollo de su economía a imagen del modelo occidental. En 1955 Schumacher pasó seis meses en aquel país dedicado a visitar pueblos, ciudades, templos y monasterios y a hablar con los sabios ancianos. No tardó en darse cuenta de que en aquel país disponían de una economía propia perfectamente correcta, a la que denominó economía budista. En aquella época vio que la población corriente de Birmania eran personas contentas, creativas y que vivían cerca de la naturaleza, cuidando felizmente la tierra, los animales y las personas. Sin duda podían desarrollar algunas tecnologías intermedias y adecuadas para facilitarse el trabajo, pero ¿por qué habría que imponerles un sistema industrial, urbano y mecanizado?

Schumacher vio con toda claridad que sustituir aquella economía tradicional por una economía moderna al estilo occidental comportaría más problemas que soluciones. Se dio cuenta de que los budistas ven «la esencia de la civilización no en una multiplicación de las necesidades, sino en la purificación del carácter humano». Y ese carácter está formado en parte por el buen trabajo y el trabajo digno. Para Schumacher, trabajar, además de representar un empleo o una ocupación, es una fuente de creatividad, imaginación y crecimiento espiritual; «el trabajo bien hecho es una bendición para los que lo hacen y también sus productos», escribió. A través del buen trabajo –lo que los budistas llaman «medio de vida correcto»–, los seres humanos cambian para mejor, y a través del mal trabajo cambian para peor. Por lo tanto, la sociedad tiene la obligación de fomentar el buen trabajo y de valorar a sus artesanos, artistas, agricultores, jardineros, albañiles y comerciantes. La industrialización del trabajo y la producción en masa reduce las oportunidades del buen trabajo y de la «purificación del carácter humano». El buen trabajo no debe confundirse con las tareas ingratas. El buen trabajo y el buen vivir se complementan mutuamente. El buen trabajo mejora la calidad de vida y aporta bienestar.

El budismo no es «antagonista del bienestar físico», escribió Schumacher. «El obstáculo en el camino de la liberación no es la riqueza, sino el apego a la riqueza; no es obstáculo el disfrutar de las cosas placenteras, sino el anhelo de estas. La

> "
> *El buen trabajo no debe confundirse con las tareas ingratas.*
> *El buen trabajo y el buen vivir se complementan mutuamente.*
> *El buen trabajo mejora la calidad de vida y aporta bienestar.*
>
> SATISH KUMAR

clave de la economía budista, pues, es la simplicidad y la no violencia». Un economista budista diría que, «puesto que el consumo es solo un medio para la consecución del bienestar humano, el objetivo sería lograr el máximo bienestar con el mínimo consumo, y puesto que los recursos físicos son limitados en todas partes, es evidente que la gente que satisface sus necesidades con un uso moderado de recursos tiene menos posibilidades de conflictos con los demás que las personas que dependen de un gran uso de recursos. De igual modo, la gente que vive en comunidades locales con un gran nivel de autosuficiencia tiene menos posibilidades de implicarse en violencia a gran escala que las personas cuya existencia depende de sistemas de comercio mundiales». Además, «satisfacer las necesidades humanas recurriendo a fuentes muy lejanas en lugar de acudir a fuentes cercanas significa fracaso y no éxito».

Esta es la razón por la que Schumacher llamó a su descubrimiento de la economía budista *«homecoming»*.[1] Para él era una aberración pensar que la industrialización de la agricultura es desarrollo y que, por el contrario, es subdesarrollo vivir cerca de la tierra y obtener un medio de vida mediante una agricultura a pequeña escala con la ayuda del trabajo artesano y el comercio a pequeña escala.

1. Regreso a casa. *(N. de la T.)*

Para Schumacher, la búsqueda del puro materialismo era un callejón sin salida. Por otro lado, integrar los principios budistas relacionados con un estilo de vida pequeño, simple y no violento en los principios de una economía responsable daría lugar a una sociedad fuerte y robusta en lo espiritual, en lo social y en lo ético. Llegó a la conclusión de que su misión y la de su generación era la de una «reconstrucción metafísica».

Esta convicción no era solo una respuesta emocional. Estaba basada en la evidencia intelectual y empírica de que la industria moderna consume muchos recursos naturales consiguiendo muy poco. Schumacher escribió: «Un sistema industrial que utiliza el 40% de los principales recursos del mundo para abastecer a menos del 6% de la población mundial (de los países ricos) se puede llamar eficiente solo si logra extraordinarios resultados en términos de felicidad humana, bienestar, cultura, paz y armonía». Para Schumacher era del todo evidente que los países económicamente desarrollados como Estados Unidos y Europa no habían logrado el éxito deseado en sostenibilidad medioambiental, coherencia social o felicidad humana, mientras que un país como Birmania, que en aquel momento gozaba de una democracia emergente y era mayoritariamente un país agrícola con una próspera artesanía y adhesión a los principios budistas de simplicidad y no violencia, era mucho más feliz y hacía un uso menor de los recursos naturales.

Él fue uno de los pocos economistas del mundo occidental que vio el intrínseco vínculo que existe entre la economía y la ética. Para él el budismo era una metáfora de los valores espirituales y morales. Quería que la sociedad siguiera la dirección de la no violencia y no de la violencia, de la cooperación con la naturaleza y no de la destrucción de esta, de las soluciones de bajo consumo energético y no de las soluciones brutales, derrochadoras y torpes basadas en los combustibles fósiles y las sociedades industriales fundamentadas en la energía nuclear. Schumacher estaba convencido de que una forma de vida basada en el materialismo y en la expansión ilimitada de la economía en un entorno finito no puede durar mucho tiempo.

Para explicar su visión de la economía budista escribió que este tipo de economía «distinguiría entre los recursos "renovables" y "no renovables". Una civilización construida sobre recursos renovables, como pueden ser los productos forestales y agrícolas, es ya solo por este motivo superior a una que se sostiene en los recursos no renovables como el petróleo, el carbón, el metal, etc. Y ello porque la primera es durable y la otra no lo es. La primera coopera con la naturaleza, mientras que la otra la expolia. La una lleva consigo el signo de la vida, mientras que la otra lleva el de la muerte. Ya no cabe ninguna duda de que la "economía de petróleo-carbón-metal" no será nada más que una breve anormalidad en la historia de la humanidad. La Nueva Economía sería un verdadero "Código de la limitación", lo cual significa un Código de la liberación».

Schumacher no se cansó de repetir una y otra vez que «la economía no es una ciencia exacta; en realidad, es, o debería ser, algo mucho más grande, una rama de la sabiduría». Llegó a la conclusión de que la vida, incluida la economía, vale la pena ser vivida solo si es impredecible, si es un desarrollo, un proceso emergente, un peregrinaje.

El peregrinaje de Schumacher

Schumacher empezó su propio peregrinaje al huir de la Alemania nazi en 1937. Mientras su cuñado, Werner Heisenberg, físico cuántico, decidió quedarse en Alemania, Schumacher, que obtuvo una beca Rhodes en la Universidad de Oxford, manifestó que la lucha contra el nazismo debía llevarse a cabo desde fuera de Alemania, y se fue a vivir a Inglaterra. Pero el destino quiso que se convirtiera en un extranjero sospechoso y que lo recluyeran. Entonces su amigo David Astor, propietario y editor del periódico *Observer*, le ofreció una casa en su propiedad y trabajo en su granja. Y este fue el principio de su viaje a una profunda estima y afinidad con la naturaleza. Se sintió muy a gusto trabajando con sus manos, cultivando la tierra, cuidando de los animales y pasando mucho tiempo al aire libre, tanto si hacía viento como si llovía o nevaba. Así fue como un economista de Oxford con las manos sucias de tierra llegó a ser presidente de la Soil Association y a luchar por la agricultura orgánica y por fomentar el amor a las plantas, los árboles, los animales y todos los seres vivos.

Con el tiempo adquirió un terreno de cuatro acres en Caterham, al sur de Londres, y lo dedicó al cultivo de verduras, plantas, flores y frutales. Su amor por la silvicultura lo convirtió en un entusiasta defensor de la regeneración de los bosques. Su película *On the Edge of the Forest* fue un profundo alegato de la unión entre naturaleza y seres humanos. Schumacher creía firmemente que para fomentar el respeto y la reverencia por la naturaleza era importante cambiar nuestra conciencia y pasar de la propiedad a la relación. No somos los propietarios de la tierra, los bosques, los animales o los ríos; solo somos unos guardianes temporales de los recursos naturales y tenemos el deber de protegerlos. Hemos de reconocer su valor intrínseco. Nuestro deber y nuestra responsabilidad es cuidarlos sin contaminarlos, disminuirlos o agotarlos.

«Una onza de práctica vale más que una tonelada de teoría», decía. Y en consecuencia practicaba lo que predicaba. Era conservacionista, ecologista y protector de la vida salvaje. Pero por encima de todo vivía sus ideales en su vida cotidiana.

Su amigo agricultor Sam Mayall, que también era miembro de la Soil Association, le proporcionaba trigo cultivado orgánicamente. «Quiero saber exactamente de dónde procede lo que como», decía Schumacher. Tenía un pequeño molino de harina para moler el grano. Preparaba pan todas las semanas para toda la familia. Él mismo cultivaba en su huerto la fruta, las verduras y las hortalizas, actividad a la que se dedicó con profunda devoción. Enriquecía el suelo con el compost que preparaba, ya que creía que «si cuidas la tierra, la tierra se encargará de todo lo demás».

Schumacher, miembro de una familia con muchos científicos e intelectuales, fue director de estadística del Consejo Nacional del Carbón del Reino Unido. Sin embargo se sintió atraído por el budismo, el medio ambiente, la elaboración de pan, el huerto, los molinos y la energía solar. Esto ocurría en las décadas de 1960 y 1970, cuando todas estas cosas se consideraban marginales e inútiles. La gente lo veía como un personaje extraño. Lo tomaban por un excéntrico. Schumacher replicó: «Y ¿qué pasa si soy un excéntrico? Un excéntrico puede ser la causa de la revolución. Su libro *Lo pequeño es hermoso* demostró ser revolucionario. Revolucionó el corazón y la mente de millones de personas.

El legado de Schumacher

En 1973, cuando el libro de Schumacher estaba en proceso de publicación, John Papworth me ofreció la dirección de la revista que él mismo había fundado, *Resurgence*. Mi mente se dividió entre aceptar o no aceptar aquel honor. Al contarle a Schumacher el caso, mis dudas no le pasaron desapercibidas.

–¿Qué problema ves? Serás un editor magnífico –me dijo.

–Pero me gustaría volver a la India –le dije.

–¿Por qué?

–Porque me gustaría seguir trabajando con la gente de Gandhi.

–Satish, en la India ya hay muchos gandhianos. Necesitamos uno en Ingla-

> “*Schumacher creía firmemente que para fomentar el respeto y la reverencia por la naturaleza era importante cambiar nuestra conciencia y pasar de la propiedad a la relación.*
>
> SATISH KUMAR

terra ¿por qué no aceptas la oferta y conviertes la revista *Resurgence* en la voz de la filosofía gandhiana en Occidente? –dijo.

Fue un argumento muy persuasivo. Todas mis dudas se desvanecieron.

–De acuerdo, seguiré tu consejo y aceptaré el cargo, pero necesitaré tu apoyo. ¿Escribirás un artículo para cada número? –le pregunté.

–Sí, trato hecho –fue su respuesta.

Para mí fue un placer. Schumacher cumplió su promesa hasta que murió en 1977. Los treinta y cinco artículos que escribió para *Resurgence* están ahora reunidos en un libro titulado *This I Believe*.

En los cuatro años que Schumacher y yo trabajamos juntos se desarrolló una profunda amistad entre nosotros. Cada vez que recibía su artículo, le llamaba por teléfono y lo comentábamos. A menudo debatíamos sobre ideas y temas para la revista así como sobre filosofía, política, religión y muchas cosas más.

Cuando Schumacher murió, tuve la impresión de que, aunque su cuerpo físico ya no estaba en este mundo, su visión y sus valores continuarían influyendo a las futuras generaciones. Consideré que era una responsabilidad sagrada mantener viva su visión, desarrollarla todavía más y darla a conocer al público en general y al movimiento medioambientalista en particular.

Con esta pasión y compromiso, convoqué una reunión con algunos de sus amigos y expertos en medio ambiente, y creamos la Schumacher Society (1977), las Conferencias anuales Schumacher, que tienen lugar en Bristol (1977), The Small School en Hartland (1982), para niños entre 11 y 16 años, el Human Scale Education Movement (1983), para apoyar las escuelas pequeñas e innovadoras, y, finalmente, en 1991, el Schumacher College para el estudio de los valores ecológicos y espirituales y para un aprendizaje transformador.

Así pues, el legado de Schumacher en el Reino Unido florece. En Estados Unidos, Alemania e India se han fundado sociedades parecidas. El trabajo del Intermediate Technology Development Group, cuyo fundador fue Schumacher, va viento en popa bajo la nueva denominación de Practical Action y desarrolla su actividad en muchos países a un nivel de base, fomentando herramientas para un desarrollo sostenible, holístico y ecológico. De modo parecido, el trabajo llevado a cabo por la Soil Association, de la que Schumacher fue presidente, es una continua expresión de esta aproximación a la tierra y a la agricultura. El trabajo de la New Economics Foundation, el Centre for Alternative Technology y Friends of the Earth se encargan de llevar la visión de Schumacher al ámbito de la política y de influir en el espacio político del Reino Unido y del mundo entero. La revista *Resurgence*, que ahora se ha unido a *Ecologist*, es la publicación insignia de la filosofía de Schumacher, en la que se articula una visión holística a través del arte, la poesía y ensayos sobre política, economía, ecología y ética.

Hoy, con el mundo enfrentado a una aguda crisis global a causa del calentamiento del planeta, la pobreza global, la deuda global y el vacío moral, las sencillas soluciones propuestas por Schumacher pueden ser nuestra salvación; pensar en pequeño, defender lo local y actuar desde una base altamente moral. A esto se refería Schumacher cuando hablaba de reconstrucción metafísica. Ha llegado el momento, y el momento es ahora. Enfrentémonos al reto.

7

EL NUEVO PARADIGMA FRENTE AL VIEJO PARADIGMA

EL NUEVO PARADIGMA FRENTE AL VIEJO PARADIGMA

Tierra, alma y sociedad forman una trinidad para el nuevo paradigma. Tenemos que pasar del viejo paradigma caracterizado por la fragmentación, el dualismo, la desconexión y la división al nuevo paradigma de la integridad, la conectividad y la relacionalidad.

Según el viejo paradigma la economía está basada en el principio de linealidad: toma, usa y desperdicia. En el nuevo paradigma, la economía será cíclica, como la naturaleza: toma con agradecimiento, usa con moderación, repón lo que has tomado y devuelve los restos a la tierra para que se conviertan en compost: sin desperdiciar, sin contaminar y sin agotar.

En el viejo paradigma el crecimiento económico se paga a cualquier precio. En el nuevo paradigma, el crecimiento de la economía no tiene ninguna importancia. Lo que importa es el crecimiento del bienestar y la felicidad. Un país como Bután, donde el producto nacional bruto (PIB) se sustituye por la felicidad nacional bruta (FNB), es un ejemplo de cómo dar un paso adelante hacia el nuevo paradigma.

En el viejo paradigma el desarrollo dirigido a los pobres toma la forma de ayuda o caridad, sin embargo en el nuevo paradigma nos orientamos hacia las causas de la pobreza y trabajamos por la justicia social y la solidaridad. En el viejo paradigma, el desarrollo se introduce desde fuera hacia dentro; economistas y políticos miran a los pobres y dicen: necesitáis una carretera, necesitáis un hospital, necesitáis una escuela, necesitáis industria, por lo que traeremos gente de fuera que os los construirán, vosotros pagaréis por ello en forma de rentas, seguros, peajes e impuestos.

En el nuevo paradigma los que vienen de fuera no ejercen ningún control ni son propietarios de los recursos locales y respetan las tradiciones, la cultura, los conocimientos, la medicina y todas las formas de vida locales de tal modo que las comunidades locales adquieren la capacidad de sostenerse a sí mismas y de desarrollarse desde dentro hacia fuera. Si las personas que vienen de fuera desean ayudar de verdad, lo que hacen es integrarse en la comunidad local, vivir dentro de ella y encontrar un modo de vida en las mismas fuentes donde lo encuentra la comunidad local.

En el viejo paradigma se presta atención al aumento del nivel de vida y a la obtención de automóviles, ordenadores y otros bienes de consumo. En el nuevo paradigma lo que importa es la calidad de vida y no la cantidad de posesiones. Lo que es importante es la salud, la creatividad, la cultura, la artesanía, la alimentación, la familia, la amistad, la reciprocidad y el tiempo para ser y no la lucha continua para tener.

> “
> *En el nuevo paradigma, lo deseable es lo pequeño; se da valor a la sustancia, no a la medida.*
>
> SATISH KUMAR

En el viejo paradigma, lo más grande es lo mejor. Grandes diques, grandes fábricas, grandes empresas, grandes negocios, grandes ejércitos y grandes gobiernos. En el nuevo paradigma, lo deseable es lo pequeño, se da valor a la sustancia, no a la medida.

En el viejo paradigma, las ciudades son centros de progreso. Altos rascacielos, espléndidos edificios bancarios, seductores casinos y tentadores centros comerciales se consideran símbolos de la civilización. En el nuevo paradigma, los mayores logros son la cultura de la agricultura, el cuidado del campo, la integridad de las comunidades rurales, la valorización del papel de los pueblos como centros mercantiles, la conservación de la naturaleza y la renovación de los modos de producción manuales y artesanales.

En el viejo paradigma dominan las máquinas, la mecanización es mejor que el trabajo manual, el progreso se mide por la cantidad de trabajo realizado por las máquinas, se espera que todos los problemas tengan una solución tecnológica, que la tecnología dé respuesta a todas las necesidades humanas. En el nuevo paradigma, el trabajo humano es digno. Servir, fabricar con las manos, construir, cuidar los huertos, cocinar y muchas otras actividades humanas tienen un valor intrínseco. La máquina es una ayuda para las manos humanas, pero no las sustituye. La máquina es bienvenida en tanto que herramienta a nuestro servicio, no como dominadora.

En el viejo paradigma, el monocultivo va a la cabeza. Los establecimientos de cadenas ocupan las principales calles. Las mismas marcas, las mismas prendas, los mismos alimentos, los mismos restaurantes en todas partes. Una misma arquitectura se extiende por las ciudades de todo el mundo. En el nuevo paradigma la diversidad cultural y la biodiversidad es un factor central de las organizaciones sociales y de los asentamientos humanos. Las diferencias locales en todos los aspectos de la vida son fundamentales. Se fomenta y se protege el queso local, el vino local, la artesanía local, los alimentos locales, la ropa local, la música local, el baile local, aunque también se respetan y se aprenden las culturas de otros países.

En el viejo paradigma, la globalización es la columna vertebral del comercio. Los países se especializan en unos pocos productos y los exportan a todo el mundo para servir a la economía global. En nombre de la ventaja comparativa, se fomen-

> *En el nuevo paradigma, el principio de subsidiariedad se respeta a conciencia. Se confía en las personas para que gestionen y manejen sus propios asuntos. Las organizaciones centrales se limitan a las cuestiones que requieren tomar decisiones centrales.*
>
> SATISH KUMAR

ta la competitividad. Fusiones, absorciones y monopolios favorecen a los fuertes y poderosos y perjudican a los débiles. El darwinismo social de supervivencia de los más adaptados rige el mercado y gobierna el comercio internacional. En el nuevo paradigma, se prefiere lo pequeño y lo local. El comercio no sirve solamente para intercambiar bienes y maximizar el beneficio, también es una forma de mejorar las relaciones humanas y se busca la interdependencia en tanto que un modo de favorecer la amistad. En lugar de globalización, la localización garantiza la sostenibilidad del medio ambiente y fortalece las comunidades locales.

En el viejo paradigma, las decisiones se toman desde la cúpula, como si las personas que están en ella conocieran mejor la situación que las que están por debajo. Es en la capital de la nación donde se redactan las normativas y las reglamentaciones, donde se aprueban las leyes y donde se recogen los impuestos, donde se ubican los parlamentos, los tribunales de justicia, la administración pública y las grandes sedes de bancos y empresas. En el nuevo paradigma, el principio de subsidiariedad se respeta a conciencia. Se confía en las personas para que gestionen y manejen sus propios asuntos. Las organizaciones centrales se limitan a las cuestiones que requieren tomar decisiones centrales. Por otra parte, se empodera a las comunidades locales para que tomen sus propias decisiones en cuanto a salud, educación, orden público, impuestos, transportes y todas las demás actividades necesarias.

En el viejo paradigma, el método científico es reduccionista y es la única forma de conocimiento, la única fuente de verdad. Se suele considerar que lo que no se puede medir, analizar y definir no existe. En el nuevo paradigma, hay muchas formas de conocimiento, incluida la científica. Tienen el mismo rango de credibilidad la intuición, la religión, los sentimientos, la mitología y las historias transmitidas oralmente. Además del conocimiento empírico, también se respeta la visión indígena. «La ciencia sin la religión está ciega y la religión sin la ciencia anda coja.»

> *Todos los seres están interrelacionados y vinculados a través de una evolución y un origen comunes. Todas las personas comparten una humanidad común.*
>
> SATISH KUMAR

El viejo paradigma es mecanicista; la Tierra se compara con las máquinas y se considera una materia inanimada y muerta. En el nuevo paradigma, la Tierra es Gaia, un organismo vivo, una comunidad biótica, un sistema vivo que se autorregula y se autosostiene.

El viejo paradigma es dualista, tal como lo define René Descartes, y es seguido por la mayoría, si no por todos los estamentos científicos y educativos. En este dualismo, la mente está separada de la materia y la mente rige la materia. El nuevo paradigma es no dualista. Mente y materia son una sola cosa e inseparables. La física cuántica es la física del nuevo paradigma, donde no hay distinción entre el observador y lo observado.

El viejo paradigma es jerárquico, da lo mismo si es el sistema clasista de Occidente o el sistema de castas de Oriente. Ambos sistemas están atrapados en la idea de superioridad e inferioridad. Los negocios se llevan a cabo en el marco de jefes y trabajadores. En las órdenes religiosas hay papas y sacerdotes, ayatolás y mulás, gurús y discípulos. La gente sufre sometida a las jerarquías del color, la raza y el género. Y todas las especies sufren debido al especismo. El nuevo paradigma se basa en las redes. Todos los seres están interrelacionados y vinculados a través de una evolución y un origen comunes. Todas las personas comparten una humanidad común. La Tierra es una red de vida y una comunidad biótica.

En el viejo paradigma, se ejerce control, ya sea a través del poder militar, el dinero o el conocimiento. Controlar a los demás forma parte del engranaje de la educación, de la gobernanza y de los sistemas económicos. Los que mandan quieren tener el control y temen perderlo. El nuevo paradigma está basado en el concepto de participación. La gente participa en el proceso de la vida. Fluyen con ella. Aceptan lo que es y lo que emerge, sea lo que sea. Están abiertos a los fenómenos a los que da lugar la imaginación, la creatividad y las formas y modelos de la naturaleza siempre cambiantes.

Este nuevo paradigma se construye sobre los cimientos de tierra, alma y sociedad.

8

EL UNIVERSO BENEVOLENTE

EL UNIVERSO BENEVOLENTE

Vivimos en un universo benevolente, en el que la tierra es lo más benevolente de todo. Nos ofrece las condiciones para que las semillas germinen, nazcan, crezcan, desarrollen todo su potencial. Permite que a ella se agarren las raíces de los árboles mientras viven y así el árbol mantiene su fortaleza y expande sus ramas hacia el cielo, recibiendo la energía del sol y haciendo posible la fotosíntesis.

La benevolencia de la tierra es ilimitada; hace posible que una sola semilla se multiplique por millones durante cientos de años, semillas que a su vez engendrarán deliciosas frutas, aromáticas y jugosas, alimentarán a los pájaros, las abejas, los seres humanos y los animales. El árbol celebra la benevolencia de la tierra y la agradece con su propia benevolencia ofreciendo sus frutos a quien los necesita, sin condiciones ni juicios, a santos y a pecadores, a poetas o a prisioneros, a príncipes y a campesinos. El árbol proporciona la madera para construir una silla, la rama para que el pájaro construya su nido, el oxígeno que mantiene la vida.

La benevolencia del sol va más allá de la capacidad de las palabras para describirla. Se quema a sí mismo para mantener la vida; gracias a él la Tierra y todos los seres que viven en ella se mueven. Gracias al sol maduran las cosechas que alimentarán a todos los seres, humanos y también a los que no son humanos. Permite las condiciones para que se produzca la fotosíntesis para que así todo el reino vegetal se nutra a sí mismo y nutra también a las bacterias, los insectos, los pájaros y los seres humanos.

La luna es benevolente. Mantiene los ciclos de la vida y el tiempo. El tiempo y las mareas se producen gracias a su presencia. La luna es la santa patrona de poetas y pintores y encarna los principios femeninos.

La lluvia es benevolente. Nace del mar, conduciendo el carro de las nubes, y se entrega sin excepción a granjas, campos, bosques, montañas y pueblos, gratuitamente, sin ninguna necesidad de proveerse de energía externa. Empapa el suelo, sacia la sed, llena los ríos, los estanques, los lagos y los pozos, y en colaboración con el sol alimenta el mundo.

El fuego es benevolente: lo llevamos en el estómago, en el corazón, está ahí para purificar, para calentar, para iluminar, para cocinar, para digerir, para descomponer y para liberar; hasta un incendio forestal es una fuente de regeneración. Por nuestra ignorancia e ira tal vez hagamos un mal uso del poder del fuego, pero el reto es someter la ignorancia y la irá y establecer la relación correcta con la fuerza del fuego. La benevolencia del fuego es distinta de la benevolencia de la tierra y del sol; sin embargo, el fuego es benevolente y sin fuego no habría vida.

El aire es benevolente. Respiramos, luego existimos. El aire está vinculado al espíritu, a la inspiración, a la espiritualidad; todos los seres se mantienen por el mismo hálito de vida. El aire es el aliento de *Brahman*, el aliento del universo, el aliento de Dios. En sánscrito es *prana*, que significa la vida misma. En chino es *chi*, que significa la fuente de toda energía. Recibimos una bendición cada vez que inspiramos una bocanada de aire fresco. Nuestra ropa y nuestros hogares se renuevan cuando los aireamos. El aire es eterno y verdaderamente benevolente.

El espacio es benevolente. Todo, absolutamente todo, está contenido en el espacio. Todos los movimientos, todos los cambios y todos los tipos de dinamismo se sostienen en la quietud del espacio. Siempre tenemos que procurar reducir el desorden y mantener el espacio en orden para ser libres y vivir sin ataduras.

El alma es benevolente. Son cualidades del alma la bondad, la generosidad y la luminosidad interior. La mente, la inteligencia y la conciencia habitan en el alma y se procesan en ella. El alma es la semilla de la vida. Los sentimientos, las emociones, la intuición y la razón pasan por el alma y se manifiestan en el mundo. La memoria reside en el alma. No solamente los seres humanos tienen alma; los animales, los pájaros, los insectos y los microbios también la tienen. La tierra, los árboles, las rocas y los ríos tienen alma. Hasta los hogares tienen alma. No es bueno vivir en una casa sin alma. Existe el alma del mundo, el *anima mundi*, de la cual formamos parte. El alma que recibe nuestra atención y nuestros cuidados nos da alegría y felicidad.

La sociedad es benevolente. La sociedad, la comunidad humana, está formada por todos y cada uno de nosotros. Las lenguas, las culturas, la literatura, el arte, la arquitectura, la agricultura, los conocimientos, las ciencias, todo esto y mucho más ha sido creado por la sociedad y es compartido por toda la humanidad. No pagamos derechos por hablar inglés, francés, sánscrito o chino. Mitos y leyendas, obras dramáticas y poesías se transmiten de generación en generación, oralmente o por escrito. Sin sociedad no existe ni civilización ni cultura. Incluso los desconocidos son benevolentes con los desconocidos y les ofrecen hospitalidad. Los sanos ayudan a los enfermos, los jóvenes a los viejos, los ricos a los pobres; la benevolencia está por todas partes.

> ”
>
> *Si miramos el mundo con ojos benevolentes, el mundo nos corresponde con la misma benevolencia.*
>
> SATISH KUMAR

Hemos heredado la sabiduría de los pueblos indígenas. Hemos recibido la religión de los grandes maestros, Mahoma, Mahavira, Moisés, Buda, Jesucristo y Lao Tzu. Lo que hemos obtenido de la larga historia de la humanidad no puede medirse. Tenemos una deuda con la sociedad, que no podemos pagar ni nadie nos reclama que paguemos.

Las familias son benevolentes. Nacemos del amor. Nuestros padres se amaron, se abrazaron y nos concibieron en el amor. Nuestra madre nos dio la seguridad y la protección de su matriz y nos llevó en su seno hasta que estuvimos preparados y fuimos lo bastante fuertes para abrazar el mundo. El benevolente universo llena de leche el pecho de nuestra madre para que su amor nos alimente. Nuestros padres, tíos y tías nos vigilan con amor para que crezcamos sanos y fuertes. Nuestros padres trabajan mucho para darnos todo lo que necesitamos y aún más y nos transmiten el sentido de la responsabilidad para que compartamos nuestro amor con nuestros propios hijos y así garanticemos la continuidad de la benevolencia.

Los médicos son benevolentes, las enfermeras son benevolentes, los conductores de autobús, de taxi y de tren son benevolentes. Gracias a ellos podemos visitar a nuestros amigos y familia, atender nuestras obligaciones cotidianas y cumplir con nuestras responsabilidades.

El mundo es como lo vemos y lo que hacemos con él. Si miramos el mundo con ojos benevolentes el mundo nos corresponde con la misma benevolencia. Si lo que proyectamos es desconfianza y egoísmo, eso mismo obtenemos a cambio. La confianza engendra confianza y el miedo engendra miedo. Reconocer la benevolencia del mundo no implica negar su lado oscuro, pero ver solo la violencia de la naturaleza y el egoísmo y la codicia de las personas hace que obtengamos el mismo tipo de respuesta. Si sembramos semillas de malevolencia, crecerá la malevolencia; si sembramos semillas de benevolencia, crecerá la benevolencia.

Un viajero pasaba por un pueblo y le preguntó a un hombre que estaba allí:

–¿Cómo es el pueblo siguiente? ¿Son buena gente?

El hombre, a su vez, le inquirió:

–¿Cómo era el pueblo del que vienes?

–Uf, era horroroso; todo el mundo era antipático e indiferente, incluso había personas hostiles.

–Pues el siguiente pueblo es parecido –fue la respuesta, por lo que el viajero siguió su camino con una expresión inquieta en su rostro.

Al cabo de poco, otro viajero se detuvo e hizo la misma pregunta.

–¿Cómo es el siguiente pueblo?

La misma persona contestó con la misma pregunta:

–¿Cómo era el pueblo del que vienes?

Esta vez la respuesta fue diferente.

–Oh, era fantástico; todos eran muy amables, atentos y hospitalarios –dijo el viajero.

Y el hombre respondió:

–Pues verás que el siguiente pueblo es parecido.

Si proyectamos benevolencia, obtendremos benevolencia a cambio. Esta es la moral de la historia y todos lo entenderemos perfectamente al leer la narración anterior. Pero cuando nos enfrentamos a conflictos raciales, religiosos o nacionales, perdemos la confianza y desempeñamos un papel diferente.

A pesar de la naturaleza innata de la bondad humana, el mundo se enfrenta a numerosos conflictos, como el de Palestina e Israel, Irán y Estados Unidos y la India y Paquistán. Estos son solo algunos de los conflictos que nos vienen acompañando desde hace más de sesenta años y no parece que haya signos de llegar al final del túnel.

Supongamos que los gobernantes de Estados Unidos les dicen a los gobernantes de Irán: «Queremos ser amigos vuestros; no deseamos socavar vuestros intereses nacionales ni tenemos ningún deseo de interferir en vuestros asuntos internos. Nunca haremos nada que perjudique a vuestro pueblo. Os venderemos nuestros productos a un precio justo y os compraremos vuestro petróleo a un precio justo, y nunca usaremos contra vosotros la fuerza de las armas. Además, iremos reduciendo progresivamente nuestras reservas de armas nucleares. Si se producen desacuerdos entre nuestras naciones, negociaremos con vosotros mediante las Naciones Unidas y otros canales diplomáticos. No nos tengáis miedo. Queremos que entre nosotros haya un trato de igual a igual». Esta sería una declaración benevolente.

Supongamos ahora que el Gobierno de Irán dice: «Nunca querremos perjudicar los intereses nacionales de Estados Unidos. Tampoco atacaremos a Israel. Sentémonos a la misma mesa y no dejemos de negociar hasta que encontremos una solución justa y un resultado justo para otros hermanos musulmanes, los palestinos. Ya han sufrido bastante. Ha llegado la hora de ofrecerles unos plazos y condiciones que sean razonables y justos. Solo utilizaremos medios no violentos y pacíficos para resolver nuestros problemas». Con una declaración así de benevolente sería imposible para Estados Unidos y también para Irán seguir con las amenazas, los ultimátums, las suspicacias y los boicots.

Declaraciones de buena voluntad como estas podrían intercambiarse con auténtica y sincera convicción entre las diferentes partes en conflicto, pero a menudo detrás del velo de la diplomacia existen amenazas y ultimátums, suspicacias y desconfianzas. Las naciones gastan miles de millones de dólares y libras esterlinas, ved a sus hombres y mujeres jóvenes mutilados por la guerra, pero siguen sin querer usar el lenguaje de la confianza y la bondad. La buena voluntad es un medio efectivo y sencillo de resolver todos los conflictos inmediatamente o con tiempo, mientras que la guerra engendra guerra, la suspicacia engendra suspicacia, el odio engendra odio. Lo hemos visto a lo largo de la historia, pero nos negamos a aprender la lección. Los políticos, los militaristas y los comerciantes de armas tienen una fe ciega en la fuerza de las armas y las bombas, aunque finalmente solo se logra el éxito a través de la negociación. Al final los políticos se ven obligados a negociar cuando ya están exhaustos, ya sea en Vietnam o en Irlanda.

El *apartheid* se acabó gracias a la buena voluntad. El muro de Berlín se vino abajo y los estados satélites de la Unión Soviética se liberaron gracias a la benevolencia de Mikhail Gorbachev y otros gobernantes rusos iluminados. La Unión Europea empezó a existir tras siglos de lucha, gracias a la previsión, la sabiduría y la buena voluntad de los promotores del Tratado de Roma. El colonialismo se terminó en muchos países gracias a la negociación y no a la violencia. La esclavitud llegó a su fin porque muchos propietarios de esclavos empezaron a prestar oídos a su propia conciencia y se dieron cuenta de que era moralmente abominable poseer a otros seres humanos. La discriminación racial en Estados Unidos pasó a ser ilegal gracias a la no violencia y a la benevolente lucha de líderes de los derechos civiles como Martin Luther King. El resultado es que hoy tenemos hombres negros en la Casa Blanca.

Teniendo en cuenta que la historia de la benevolencia ha obtenido tan buenos resultados, no es lógico ni razonable no ponerla en práctica. Sin embargo, algunas personas me tildan de *naif* y poco realista. Entonces, ¿qué es lo que pueden aportar los realistas para demostrar los buenos resultados de sus esfuerzos? ¿Qué han logrado los realistas? Millones de muertos en las guerras. Millones de personas muriendo de hambre. Millones de personas sin techo y sin trabajo a pesar de los abundantes recursos de la naturaleza, una tremenda cantidad de tecnología y trillones de dólares y libras esterlinas zumbando por el mundo cada minuto. Si esto es lo que los realistas son capaces de conseguir, ¿qué ventajas tiene ser realista? Bajo la vigilancia de los supuestamente realistas, los mares se han contaminado y se están quedando sin peces, la biosfera se está saturando con los gases invernadero y el crecimiento demográfico del mundo es explosivo y excede la capacidad de la Tierra. Si estos son los logros de los realistas, es la hora de decirles adiós y dar una oportunidad a los idealistas.

”

Teniendo en cuenta que la historia de la benevolencia ha obtenido tan buenos resultados, no es lógico ni razonable no ponerla en práctica.

SATISH KUMAR

Sin embargo, los idealistas tienen que construir un movimiento de benevolencia. En este momento existen individuos benevolentes y también organizaciones benevolentes, pero no hay ningún movimiento como los que lucharon contra la esclavitud y contra el *apartheid*. Numerosas organizaciones (The Soil Association, Friends of the Earth, Greenpeace, WWF, RSPB, CPRE, National Trust y otras parecidas) involucradas en la conservación del suelo y la naturaleza trabajan mayoritariamente de forma aislada a partir de grupos espirituales y de justicia social. De forma parecida, los grupos de fe, grupos *New Age*, centros de yoga y meditación enfocan solo la atención del alma y el desarrollo personal, mientras que las organizaciones que trabajan por la justicia social, como Oxfam, World Development Movement y Médicos sin Fronteras luchan cada una en su rincón. El movimiento por la justicia medioambiental, por la justicia social y por la renovación espiritual son tres aspectos de la benevolencia. Si se unen y trabajan juntos, habrá un fuerte movimiento para la transformación, para el cambio y para la creación de un nuevo paradigma.

No estoy diciendo que las organizaciones se fundan; en realidad, lo positivo es mantener sus identidades organizativas, pero desarrollar un manifiesto común de los ideales de sostenibilidad medioambiental, de logro espiritual y de justicia social. Si unen sus manos, estarán en una posición más fuerte para ejercer su influencia sobre los responsables políticos, los líderes empresariales, los medios de comunicación, el ámbito académico y el público en general. Si se mantienen unidas y trabajan juntas, su fuerza y su influencia se multiplicará por diez: 1 + 1 = 11.

Necesitamos crear un movimiento de buena voluntad y de no violencia, a través del ejemplo, las razones y las acciones prácticas.

No se trata de que podamos construir una utopía de benevolencia de la que se erradique la malevolencia, sino que tenemos que desafiar la institucionalización de la malevolencia en la forma de militarismo, materialismo, consumismo y sectarismo. Es posible asumir una pequeña dosis de individualismo y egoísmo, pero cuando las instituciones malevolentes son las que toman el control y las benevolentes quedan relegadas a la esfera personal, entonces es cuando nos arriesgamos a perder nuestro rumbo y ponemos en peligro el bienestar de las personas y del planeta.

El liderazgo de la benevolencia no vendrá de los primeros ministros o de los presidentes del mundo, y una cultura de la benevolencia no se legislará a través de los parlamentos y senados. Este liderazgo y esta cultura tienen que surgir de las bases. En consecuencia, los individuos y las organizaciones comprometidas con el cuidado de la tierra, con las cualidades del alma y con el interés por la sociedad deben trabajar juntos para construir un movimiento de base.

Este movimiento tiene que trabajar a dos niveles. El primer paso es enfrentar y resistir las instituciones malevolentes que pretenden perjudicar la integridad de la Tierra, socavando los valores espirituales y perpetuando las injusticias sociales y la explotación económica. En el pasado este tipo de resistencia es la que practicaban los líderes de la liberación social y política como Mahatma Gandhi, Martin Luther King, Nelson Mandela y Aung San Suu Kyi. La locura de la violencia institucionalizada debe mostrarse para que la gente despierte, pero entonces llega el segundo paso, que consiste en construir alternativas, desarrollar nuevos modelos y crear instituciones que fomenten y promuevan la agricultura orgánica, el bienestar de los animales, la protección de la vida salvaje, la conservación de los bosques y selvas, el respeto por todas las creencias y el diálogo entre estas, la liberación de los presos políticos, el desarme nuclear y general, la promoción de cooperativas y la resolución de conflictos a través de medios pacíficos. La lista que integraría un programa constructivo como el mencionado es interminable. Existen ya numerosos programas magníficos, pero carecen de la musculatura política y económica que les permita ejercer una mayor influencia.

Este doble enfoque es fundamental para construir un movimiento poderoso con el que llevar a cabo una transformación personal, social y medioambiental. Esto solo se podrá lograr cuando seamos capaces de superar nuestros egos personales y organizacionales. Tenemos que pasar del ego al eco; de la *g* a la *c*. El ego solo ve el éxito personal, el poder personal y el reconocimiento personal, mientras que el eco ve las comunidades, tanto las de la Tierra como las humanas. El eco tiene que ver con las relaciones humanas; el eco busca el éxito y el bienestar colectivo.

La conciencia pública respecto a la sostenibilidad medioambiental, la calidad de vida y la justicia social ha avanzado a pasos agigantados en los últimos cincuenta años desde la publicación del libro de Rachel Carson, *Silent Spring*. En la década de 1960, la preocupación por las energías renovables en forma de energía solar y eólica interesaba a una pequeña minoría. El bienestar de los animales y el vegetarianismo también era un movimiento de poco alcance. La idea de desarrollo consistía en ayuda y caridad, la occidentalización del sur global y la industrialización de las sociedades agrarias.

Ahora vivimos en un mundo diferente. La evidencia del calentamiento global y del agotamiento de los combustibles fósiles ha despertado a la gente. Las organizaciones que trabajan por el medio ambiente tienen más miembros que los partidos políticos, por lo que existen motivos para el optimismo y la esperanza. El monocultivo industrial y los sistemas de producción en masa representan un microsegundo en tiempo geológico. Las civilizaciones han nacido y han desaparecido. Las estructuras del imperialismo y el colonialismo se han reducido tremendamente. Nadie nos garantiza que esta economía nuestra, que depende de los combustibles fósiles, que va en contra de la naturaleza y que está globalizada, dure; ya muestra signos de fatiga. Lo que fue creado por los seres humanos puede ser cambiado por ellos. Tenemos que crear un movimiento con toda la fuerza de nuestras convicciones.

Todos los gobiernos de Occidente luchan por mantener el crecimiento económico. El ideal de que todo el mundo trabaje es irrealizable. La confianza en los políticos es más baja que nunca. La realización personal y la satisfacción laboral también se han convertido en una quimera. Las sociedades industriales están atrapadas en una triple crisis, espiritual, medioambiental y económica. Los banqueros no saben cómo gestionar el dinero, los políticos no saben cómo lograr la paz, los economistas no saben cómo crear empleo. La sociedad de consumo está sumida en la confusión. Por lo tanto, ha llegado la hora de un gran cambio. Los movimientos medioambientales, espirituales y sociales tienen que aprovechar la oportunidad y demostrar que otro mundo es posible, un mundo en el que se respete la naturaleza, se valoren la compasión y la cooperación y las personas vayan por delante de los beneficios. Podemos iniciar e implementar la gran transición de la economía capitalista a la economía ecológica y valorar la riqueza natural por encima de la riqueza económica. El dinero y las finanzas tienen un lugar, pero somos nosotros los que debemos asignárselo y no permitir que dominen nuestra forma de vida completamente.

Esta visión holística, en la que las dimensiones natural, espiritual y social se unen en una realidad integrada, es una necesidad perentoria. Debemos ver todo el elefante y no esa parte o esa otra, como les pasó a los seis ciegos. Según cuenta la historia, seis ciegos se encontraron con un elefante. Uno le tocó la trompa, otro le tocó un colmillo, el tercero le tocó una pierna, el cuarto la oreja, el quinto el estómago, el sexto sostuvo la cola en sus brazos. Todos ellos pensaron que sabían lo que era un elefante. Cuando el elefante se marchó, empezaron a intercambiar sus impresiones sobre el animal.

–Sé que un elefante es como una enorme cobra, larga y sinuosa –dijo el primer ciego.

–No, no, te equivocas. Es duro, liso y puntiagudo como una piedra pulida –protestó el segundo ciego.

–Ni hablar –intervino el tercer ciego–. El elefante es como una columna, redonda y alta.

–Amigo, también tú estás equivocado –dijo el cuarto–. El elefante es plano y delgado como un aspa.

–Siento deciros que ninguno de vosotros tiene razón –apuntó el quinto ciego–. Es grande y redondeado, como el fondo de una gran barca.

–¡No, no, no! Yo lo he tenido en mis brazos y es como una cuerda delgada, flexible y fuerte –dijo el sexto ciego.

Empezaron a discutir y a pelearse y estuvieron a punto de llegar a las manos cuando pasó un hombre que se detuvo al ver cómo se peleaban los seis ciegos. Y cuando oyó lo que estaban diciendo, se puso a reír y les dijo:

–¡Parad, parad! Lo que os pareció una cobra es la trompa; lo que os pareció una piedra, el colmillo; lo que os pareció una aspa era una oreja; la columna es la pierna; el buque, la barriga, y la cuerda es la cola. Todas esas partes juntas forman el elefante entero.

–Gracias, gracias, señor. Ahora lo entendemos y sabemos lo que es un elefante.

Esta es una parábola para que entendamos que todos podemos tener una parte de la solución, pero que necesitamos conocer todo el cuadro para poder construir un movimiento efectivo. Y ese gran cuadro tiene una dimensión ecológica, una dimensión espiritual y una dimensión social encapsuladas en la trinidad de tierra, alma y sociedad.

Bibliografía

I won't let you go, selected poems by Rabindranath Tagore, traducción de Ketaki Kushari Dyson. (Bloodaxe Books, Reino Unido, 2010).[1]

Purbi: A Miscellany, correspondence between Tagore and Leonard Elmhirst. (The Tagore Centre, Londres, 1991).[2]

«A Poet's School», ensayo de Tagore incluido en *Pioner in Education.* (Visva Bharati, 1961).

E.F. Schumacher, *Small is Beautiful: Economics as if People Matter.* (Vintage Books, Londres, 1993).

Barbara Wood, *Alias Papa: A Life of Fritz Schumacher.* (Oxford University Press, Oxford, 1985).

Otros libros de Satish Kumar

El Buda y el terrorista (Ediciones I, Valencia, 2005).

Tú eres, luego yo soy (Ediciones I, Valencia, 2006).

La brújula espiritual (Integral, RBA, Barcelona, 2008).

¿Turistas o peregrinos (Icaria, Barcelona, 2010).

1. Los fragmentos de *I won't let you go, selected poems by Rabindranath Tagore* han sido reproducidos con la autorización de Ketaki Dyson y Bloodaxe Books.
2. Los fragmentos de *Purbi: A Miscellany, correspondence between Tagore and Leonard Elmhirst* han sido reproducidos con la autorización de Dartington Hall Trust.

editorial Kairós

Puede recibir información sobre nuestros libros y colecciones o hacer comentarios acerca de nuestras temáticas en

www.editorialkairos.com

Numancia, 117-121 • 08029 Barcelona • España
tel +34 934 949 490 • info@editorialkairos.com